生命,因閱讀而大好

單親，我們可以的！

走過挫折與無助，
75位單親媽媽愛與勇氣的眞情告白

Solo Mom Stories of Grit, Heart, and Humor

WE GOT THIS

Marika Lindholm｜Cheryl Dumesnil｜Domenica Ruta｜Katherine Shonk

瑪莉卡・林登姆｜雪若・杜姆斯尼｜朵梅妮卡・魯塔｜凱薩琳・修恩克——編　**謝靜雯——譯**

各界盛讚

還記得大人在你年少時問你，「你的英雄是誰」，而你說出了自己最愛的總統或流行樂手嗎？讀完《單親，我們可以的！》之後，我敢打賭你不會重溫那個問題。在這本非凡的合集裡，七十五位形形色色的單身母親將她們對孩子的熱愛和寫作技巧結合起來。她們的聲音細微與雄渾、抗辯與歡慶、輕哼與高唱。她們集體宣布：單親媽媽是我們的無名英雄。

——愛爾瑪・葛力伯（Alma Gottlieb），《一整個世界的寶寶：給八個社會的想像育兒指南》（*A World of Babies: Imagined Childcare Guides for Eight Societies*，暫譯）共同作者

《單親，我們可以的！》是強烈的愛碰上恐懼與驚奇。我細細品嚐這些詩作和短文，裡面充滿了幽默和心碎、智慧和人性。母親們在經歷所謂的「母職」這件無比龐大的事情中，這些作品會幫助她們任何一人——不管單親或非單親——得到啟發和支持，被看見與被理解。

——凱特・哈潑（Kate Hopper），《準備換氣：一趟歷經過早母職的旅程》（*Ready for Air: A Journey Through Premature Motherhood*，暫譯）、《運用自己的文字：給母親們的寫作指南》（*Use Your Words: A Writing Guide for Mothers*，暫譯）作者

《單親，我們可以的！》裡頭的聲音動人、脆弱、滑稽、洞察、大膽、堅強、韌性、聰慧。不管你正在面對單親母職，或你目前是單身母親，抑或者你愛著一位單身母親，這本書就是一面鏡子，映照出獨力撐起母職——以及獨力蓬勃向上——的特殊生命體驗。

——艾瑪．強森（Emma Johnson），Wealthysinglemommy.com創辦人，《了不起的單身母親》（*The Kickass Single Mom*，暫譯）作者

《單親，我們可以的！》是倖存者的團圓。這裡提供的不是「指南」，而是充滿愛的聚落，這些女性曾經有過，也依然有著類似的經歷……在這些紙頁中，你會找到鼓舞人心的力量，以及尋獲個人喜樂的承諾。

——M．M．德沃（M. M. DE VOE），家長筆會（Pen Parentis, Ltd.）創辦人與董事

孤立、害怕、悲傷、絕望，是我十一年前經歷離婚時的部分感受。當時我有兩個幼子，家人都不住附近，我從來不曾這麼孤單過。我真希望自己當時讀到了《單親，我們可以的！》。讀這本書讓我覺得有了朋友，有女性懂我、在乎我、在身邊陪伴我，而且不管怎樣，一切都會好好的！

——賈姬．皮洛索夫（Jackie Pilossoph），Divorced Girl Smiling網站創辦人，芝加哥論壇報媒體集團「Love Essentially」專欄作家

《單親，我們可以的！》收錄的故事是一份精美雕琢的見證，見證了單親母職的宇宙，將原本覺得陌生的女性以最親密的方式連結起來。

——黛柏拉・古恩菲（Deborah Gruenfeld），史丹佛大學女性領導經營管理學程的教授與共同指導

《單親，我們可以的！》這本精彩合集收錄了單身母親及其孩子的各種聲音。這些母親的哀嘆與勝利讓我充滿了敬畏和笑意，讓我覺得身為人類是值得驕傲的事。

——莎里・威爾森（Sari Wilson），《穿鏡的女孩》（*Girl Through Glass*，暫譯）作者

《單親，我們可以的！》為身為單身母親這條看似黑暗的道路，帶來希望、光亮、喜樂、幽默——這份我們通常不會自主選擇，也不會放棄的職責。這個合集裡分享的故事為我帶來極大喜樂，因為它們真誠地描述了身為單身母親的現實。替自己找一本來吧，你會很滿意的。

——諾耶樂・費德力克（Noelle Federico），Theworkingsinglemom.com商務顧問與創辦人

contents

Chapter 2

就靠我——關於單親支援

Chapter 3

生命裡的一天——關於生活的挑戰

Chapter 4

早安心痛——關於面臨劇變的困難

Chapter 5

改變即將來臨——關於成長與韌性

Chapter 6

那不是很浪漫？——關於下一段感情

Chapter 7 太陽升起了——關於希望與樂觀

推薦序

緣起，緣滅，都是人間大美

Mr. 6 劉威麟／知名作家、《1的力量》作者

單親背後不免是一段帶著缺憾的故事。這份缺憾，我們打算帶在身上多久？

離婚後，我成為獨力照顧兩個孩子的單親爸爸，因為過程實在太傷痛，於是我丟掉了原本創辦的事業，轉而幫助一群離婚的單親爸媽。因此我有機會觀察到許多離婚個案，我發現和人生的其他慟事相比（比方說親友過世），離婚、單親有一點較不尋常——那就是，它的痛點並非只在當下達到最高。也就是說，離婚後變成單親的苦痛，並不會隨時間沖淡至完全消失；它會不斷變換形式，甚至時而增強——我們一輩子都得被它黏著！

單親爸媽必須承受比一般家長更辛苦的人生，經濟困境只是其一，更大部分的痛苦來自心理缺憾。每個自以為走出來的人，總會在離婚多年後突然又想起那份心情，就得再次奮起抵抗，才能撐過這次的餘波盪漾。為什麼呢？因為婚姻中，我們的角色向來就不只是對方的妻子（丈夫），而對方又永遠是孩子的爸爸（媽媽），世間沒有一把神奇剪刀可以輕易剪斷。

本書的七十五位單親媽媽除了離婚，亦有喪偶、偽單親、未婚生子者，她們必然都面臨過上述的掙扎而完成一篇篇的作品，鑄成這本在國際間獲獎無數的書。其中有詩歌、有散文、有信件，七十五位單親媽媽有很多是第一次寫作，不過若你懷疑她們是否生疏，翻了幾頁，所有懷疑便煙消雲散！書中那些細緻的感觸與體會，皆是她們每天日常的「現在進行式」，那是——靈魂被擠到懸崖邊，絕境之後迸發出來的創作之光；是淚水的昇華，沸煉脫出的文字音符，譜成一首首坦然的誠實之歌，用坦然的聲音清唱。

誠實、坦白、清新，就是這些單親媽媽作者們的共同特徵。外人異樣的眼光粉碎了我們從小累積的自信，一夕間被迫拆除所有「偶包」，在孩子及眾親友面前，接受自己成為單親的新角色；彷彿從今以後，我們都不再是完美的人。若曾經歷離婚衝突，對方口中的話還會深深烙在我們臉上與耳朵邊好一陣子，直到我們看破一切，允許自己公開、供人檢討，卻也因此可以坦白地書寫。

儘管有時仍在夜裡驚醒，想起自己的離婚經歷而感到羞愧、難以入眠，只能睜大眼睛躺床到天亮。不過我也發現，我這個已經出版十幾本書的作者反而受惠於離婚，而能更坦然地用文字描寫一個殘破的自己，公開地寫，如實地寫。我也開始看到，離婚雖然不堪，單親雖然憂慘，但也挺「美」——或許，這就是《單親，我們可以的！》作者們共同有過的寫作歷程。

然而，談到單親，就要談起婚姻；談起離婚，就一定要談談「結婚」。若有機會重新選擇，你當初還會結婚嗎？單親可以美，那麼一切的緣起，那一次的結婚，也是美的嗎？離婚的人若不小心看到當年結婚的照片，會比看到恐怖片的鬼臉還要驚慌，會趕快關掉視窗，扔掉手上的相簿；更不免想到當年做了錯誤的決定，牽起錯誤的手，還搞了一場裝模作樣的儀式……。很多離婚夫妻（或該離沒離的怨偶）可能都像我，早就將當年的結婚影像毫不留情地刪掉，就算留著也將它塵封在屋角，確保不會有人看到。

不過百密總有一疏，有次我為了幫女兒找兒時照片，突然看到一張舊式數位相機拍的照片，右下方印有日期，是結婚以前。這次，我沒有驚嚇到馬上把照片扔了，應該說，還來不及扔，就被照片裡的人吸引住了——照片裡的兩個人，四隻眼睛水汪汪，笑得眼角彎彎，毫不羞澀地對著鏡頭，那神韻讓我愣了許久。

眼睛可以說故事，兩個人遇見對方，就好像找到了一池清澈見底的湖，終於可以安心讓雙腳踩進冰沁的湖水，並把心也掏出來放了下去，剎那間，淚水就流了而眼睛是溼的……。無論後來我們怎麼看當年結婚這件事，這張照片本身已經說明，結婚是什麼樣的事、什麼樣的感覺了。那對眼睛證明我們並非年少不懂事受騙，也不是裝出來的虛假；那對眼睛證明我們的確遇過人生中最美的一刻。

往後我寫了一本談離婚的書，專家與主持人總問我，如果早知十幾年的婚姻後來會一分為二，讓孩子變單親，當年還是會義無反顧地結婚嗎？我毫不猶豫地說「是」，且能毫不害臊地講起當年結婚的美好。

無論是結婚、是離婚；是遇見愛人、還是演變成仇人，不管在哪個階段，都沒有人真正做錯了什麼，也沒有誰欠了誰——在當下，每個人都已經從對方身上得到圓滿的療癒，只可惜這種療癒向來不會久遠，就和藥品效力短暫一樣。但只要我們不再否定當年的好，就可以繼續找到療癒之道，也能理解人生深層的真義——那就是：緣起，緣滅，都是人間大美。讓所有痛苦再來一次，我也願意，而我相信每一次，都會是美麗的詩歌。

這部七十五位單親媽媽的作品，沒有怨言與謾罵，只讀得到愛、寬容與盼望。但願未來能有更多這樣的作品問世，那麼，整個世界也會一起變得更美。

前言

單親，我們不孤單

嘿，媽媽：

約莫二十年前，我的孩子各為三歲和五歲，我經歷了一場痛苦且艱難的離婚。身為專攻性別議題的社會學家，我以為眼前的挑戰應付起來會得心應手。完全不是！身為單親媽媽的頭一年，我常生病、壓力大，也覺得孤單。就像多數經歷離婚的媽媽一樣，我覺得非常內疚，經濟狀況不佳，對我的新身分感到不自在的朋友也漸行漸遠。我們這個三人家庭最終在小小公寓裡找到了喜樂，當時我睡在沙發上；但單親母職的最初幾年讓我深信，單身母親確實需要更多支持、同理與讚美。這就是為什麼，我在二〇一五年創立了「各地單親媽媽站起來」（Empowering Solo Moms Everywhere，簡稱ESME），宗旨是為單親媽媽打造一個熱心助人且資訊流通的社群（光是在美國，目前單親媽媽撫養著一千五百萬個孩子）。受到ESME的啟發，《單親，我們可以的！》可說是我們這個單飛媽媽社群寫下的一封情書，要讓你知道你並不孤單。你的韌性、復原力和膽量，在在值得頌揚。

單身母親往往沒有聲音，或在海量的刻板印象、控訴和羞恥中，形象受到扭曲。我和共同編輯——雪若、朵梅妮卡與凱薩琳，我們很榮幸能夠分享反映出單親母職多樣性的詩詞、散文和語錄，這些內容同時肯定了獨力親職所面對的集體挑戰和回報。這本書裡的故事來自離婚媽媽、遺孀、軍眷媽媽、自主選擇的單親媽媽、意外成為的單親媽媽；她們來自各種年齡層，扶養著各種年紀的孩子。我們的作者代表了不同種族、經濟狀況、性傾向和信念。這本書陸續呈現單飛母職的多種主題，裡面的篇章融合了幽默、莊嚴、驕傲和希望：第一章「孩子們沒事」，是關於養育孩子；第二章「就靠我」，是關於單親支援；第三章「生命裡的一天」，是關於每天的挑戰；第四章「早安心痛」，是關於身分改變的困難；第五章「改變即將來臨」，是關於成長和堅韌；第六章「那不是很浪漫？」，是關於下一段感情；第七章「太陽升起了」，是關於希望和樂觀。《單親，我們可以的！》放大了單身母親的聲音，它變化多端且多采多姿，頌揚我們是誰以及我們所做的事。

我們挑選的單飛媽媽故事充滿坦誠與真相揭露，像是一首首能激勵人心的歌曲。從丈夫受到調派並苦於心臟病發的軍眷配偶，到心理疾患「奪走」配偶的媽媽，這些聲音都以自信和從容的姿態吸引我們投入其中。本書內容由知名到深具潛力的作者們撰寫，所有詩詞和散文都經過精心刻畫，同時訴諸理性與感性。作者們所表達的種種情感——渴望、憂鬱、希望、力量、羞愧、遺憾、恐懼、猛烈、勇敢、反叛、期待、渴望、狂喜、勝利——提醒著我們，單飛媽媽的旅程必然時有矛盾。社會低估我們的價值，只提供薄弱的支援，但由於我們對孩子抱持熾烈的愛，我們一次次展現了膽識與堅強。

我們希望你讀完《單親，我們可以的！》裡頭的故事後，能感覺好像跟一群懂你的朋友聊過一場——那樣的朋友會看出你的堅強，並映照回去給你。我們希望讀者翻閱全書後可以明白，有如我們在ESME說的，「單飛不代表孤單」。我們隸屬於一個堅韌的女性社群，儘管重重艱難和痛苦，仍能以單飛媽媽的身分茁壯成長並尋得喜悅。我們謹將本書獻給所有日復一日、年復一年，無條件付出愛且永遠現身，在艱困情境中找到幽默、可以跌倒後又站起來，並且挑戰逆境、完成不可能任務的各位。

我們看得到你，我們聽得到你。我們知道，你可以的！

獻上很多愛，

瑪莉卡

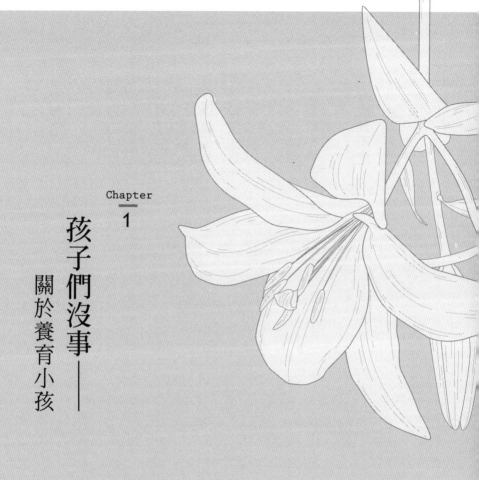

Chapter 1

孩子們沒事——關於養育小孩

The Kids Are Alright

我和哥哥在公宅裡長大。可是因為我母親很重視教育，我們過著精彩充實的生活，不受窮困所制約。

——美國最高法院大法官索尼婭・索托馬約（Sonia Sotomayor）

道路

泰瑞莎・梅・恰克（Teresa Mei Chuc）

我說我孩子
就像螢火蟲。

我看到他們
在黑暗中發光。

有時候那是
我所見到的唯一光芒。

泰瑞莎・梅・恰克／美國加州艾塔迪那的桂冠詩人（二〇一八～二〇二〇），Shabda Press出版公司的創立者和總編輯。共同創設The Regenerative Collective，重新將藝術、探索和自然融入計畫，服務貧困社區與環境。著有*Red Thread*、*Keeper of the Winds*、*Invisible Light*三本詩集，以及*Nuclear Impact: Broken Atoms in Our Hands*選集。泰瑞莎在佛蒙特州平田市的高達爾德學院取得創意寫作藝術碩士，並於洛杉磯的公立高中教授文學與寫作。

你是生來被愛的

朵梅妮卡・魯塔（Domenica Ruta）

那個星期天早晨閃閃發亮，充滿可能性，而我不想踏出我們的公寓。你正望出窗外，看著曼哈頓經過雕鑿的天際線，帝國大廈小小尖塔在中央突起，每隔七分鐘地鐵在高架軌道上飛馳而過，為你帶來無盡的歡喜。陽光普照，難以抵擋。我感到前所未有的疲憊。

應該為單飛媽媽的疲憊發明一個新詞，那是長久積累的睡眠不足，將心靈扭曲到難以辨識，只有醫學院學生、軍人、某些藥癮者才懂得箇中滋味。你來到人世間的頭幾個月，小不隆咚、渾身皺巴巴，只見一雙眼睛，頭髮則更接近獸毛。當時我幾乎分不清晝夜，闔眼的時間短到不足以做夢。睡眠只是淺嚐：這裡睡四十五分鐘，然後再次起身餵你；那裡睡一小時，如果運氣好的話。而這些小睡都為時太短，無法讓我入駐那間魔法旅館——一個能將所有心靈垃圾、恐懼和焦慮，分類作堆肥的地方。

不過，每個所謂的早晨，我都懷著一股愛和腎上腺素起床。當中有些日子，雖然現在已不復記憶，但我祈禱臨終前幾刻還能再次見到。因為它們真是美妙，你很美妙。於是我今天早上也跟其他早晨一樣，起床陪你一起玩。

這跟我還小的時候，與我那個單飛媽媽共度的早晨非常不同。我母親幾乎總是嚴重宿醉，無法爬起來陪我玩——她根本起不來。我對那些早晨的記憶也模糊了，只剩下一些朦朧的感覺。有如我現在感到的疲憊，沒有任何單字可以正確地定義那些時光：一種怪異的結合，當中有寂寞、飢餓、渴望、恐懼，那股感受真實地有如肚子吃了一拳，隨之而來的是空虛。那些童年的早晨，跟一個酣睡中的軀體共處的孤寂疆域裡，喚不醒的母親有如屍體，我為了自我娛樂和慰藉，只好深深沉浸在自己的想像世界，不管是好是壞。那時我還是個學步兒，沒比你大，為了找吃的爬上櫥櫃。沒人知道她何時會醒過來餵我。雖然她有時終於在午後時分起床，卻也神智不清，而且不保證她會在家停留很久。想再次興奮的衝動會將她從我身邊拉開。

看看現在的我們——你，需要好好梳個頭髮和泡個澡；我呢，則不願帶你到任何需要我穿上胸罩的地方。我納悶，我們的處境真的有更好嗎？但這想法未免太荒唐，都是因為疲憊而陷入自我厭惡在作祟。我們的處境當然更好了！我母親的癮頭根深蒂固，而我已經戒癮清醒了好幾年。我為了自己而戒癮，在你呱呱落地的好幾年前。現在我為了我們兩人而保持清醒，一次就是一天，我會等你打完所有的預防針之後，帶你到教會地下室。那裡是酗酒者聚會的地方，大家爭相抱你，而我的肩膀會因為短暫的失重而疼痛。

可是這個週末是我跟你獨處的週末，是兩個月一次的假期，我給自己太大的壓力。我應該帶你到動物園去。我應該沖個澡。這個星期天我應該給你更豐富的體驗。只是我好累、好累。

你把每樣玩具從架子上拿下來，丟得整個公寓到處都是。我們的廚房地板就像個不規則蔓延的迷你停車場，上頭擺滿了賽車和推土機。你暴躁起來，當睡意來襲時——你亟需小睡，甚至比我還需要——可是你抗拒，你一向如此。為了逗你笑，我在你兩套不同叢林主題的拼圖裡找了木頭動物，把牠們立起來，組成小小動物園。我還像在晚宴派對上介紹與會者一樣，讓一套拼圖裡的長頸鹿跟另一套拼圖的長頸鹿打招呼。

「Bonjour（你好）。」看起來傻呼呼的獅子向同伴問好。

「哈囉。」小眼睛的獅子回答。

「噢，mais oui（是的）。Je suis désolé（真抱歉），我以為你會說法文。你的國家沒被比利時人殖民嗎？」

「是英國人。」小眼睛獅子拘謹地說。

「Mais oui（是的）。」那隻傻傻的獅子又說一次，因為我所知的法文很有限。

「May whee（是喔）！」你歡喜地重複，「May wheeeeee（是喔喔喔喔）！」

拼圖裡的兩隻大象，其中一隻顯然是個寶寶，牠快步走到成年大象那裡問道：「這個是什麼？」

「獠牙，」成年大象解釋，「你總有一天也會有的。」牠的模樣更加卡通化，顏色更俗麗。我在想，牠是不是曾在馬戲團表演過。

「噢，」嚴肅的小象說，「我象群裡的大人都被殺了，所以我不知道獠牙的事。」

「別擔心，我會教你。」

河馬們則正在被你把玩，所以牠們只是發出很多放屁的噪音。

電腦正在放著歌手路．瑞德（Lou Reed）的〈走在狂野的這一邊〉（Walking on the Wild Sid），按照你尖聲的要求，設定成反覆播放。唱到「有色小妞唱起嘟嘟嘟……」時，我的胸口聚集了恐懼的烏雲。總有一天我必須向你解釋，他為什麼稱她們為「有色小妞」。你還不知道我是白人、你皮膚是棕色的，以及這又代表什麼意思；最重要的是，你並不安全。你會學到你祖先經歷過的那些惡事，與持續發生在你這類人身上的慘事。你父母兩邊的家族史各有悲劇的印記——種族歧視和貧困，來自殖民主義下你父親的家族傳承；癮頭、暴力、強暴，屬於我家族自我延續的創傷。有好多事情你即將學到，都是一些超乎我能控制的事：海洛因、「黑鬼」歧視罵話、謀殺、自殺、不公義、疾病以及老派的心痛。難怪我不想帶你出門。

我切換到露辛達・威廉斯（Lucinda Williams）的歌曲〈你是生來被愛的〉（You Were Born to Be Loved），你開始揉眼睛，你的小睡時刻即將來臨。我孩提時代從來沒有就寢時間，沒有例行慣例，沒人陪伴，沒人送我上床睡覺。我會穿著那天的衣服昏睡過去，有時就在地板上；不管我的眼睛在何時閉上，醒來時又要獨自摸索一切。可是你不會這樣，我們不會這樣。我在懷裡搖著你，你露出靦腆的笑容，因為你知道我將要說些什麼。

「你還是寶寶的時候，不會走路，不會講話，連頭都抬不起來。我必須像這樣一直抱著你，記得嗎？」

每次我像這樣摟著你，我就會重複說這些話，這成了我倆的傳統；假裝你現在是個大孩子了，跟不久前的那個寶寶截然不同。

我真希望可以把那段時間記得更清楚。在當下，那些細節如此鮮明銳利，整個存在似乎在你的長睫毛之間悶燒。我記得最清楚的，是我同時沉浸於如此多的愛和寂寞裡，那麼害怕又那麼快樂的心情。也記得你當時很討厭睡覺，就像你現在這樣，所以我老是摟著你，因為我不知道還能怎麼辦。

「再一次。」你輕聲說起那首此時正在播放的曲子。你替自己找了一首新的搖籃曲。我將你放在床上，依然抱著你，我們一起飄進了夢鄉。我們做起夢來。

朵梅妮卡・魯塔／本書共同編輯，著有《紐約時報》暢銷書*With or Without You*，這是一部關於和海洛因成癮的單飛媽媽一起成長的回憶錄。她的短篇小說曾發表於*Epoch*、*Indiana Review*、*Boston Review*。近期作品為*Last Day*，這本小說寫於產後的朦朧狀態，當時才剛成為兒子的單飛母親。她住在紐約市，可以到推特（@DomenicaMary）和IG（@domenicaruta）追蹤她。

他們已長得比父親還高

伊莉莎白・亞歷山大（Elizabeth Alexander）

他過世那天，我們四個人身高相當，剛超過五呎九。我們一個星期前才在食品儲藏室門口替兒子們量過。看來是個完美的對稱，全家高度相同但體型各異。孩子們現在都長得比我高了，也超過他們的父親。他們似乎天天都在成長，像豆莖似的朝天空直竄。

一週又一週，我看著他倆跟我們鍾愛的潔若汀教練一起練習籃球，我聽他們壓低聲音大喊：「球來！」潔教練則要索羅：「強一點！」或是如同他父親告訴他的，「永遠不要小看自己」，要成為強者。我看著團隊上的年輕人刻意嚇唬對方，如何在對方面前揮灑自己的男子氣概；以及控制住時而爆發出來的侵略性，而他們又怎麼去處理那種情況。我看著他們撞倒對方，再扶對方起身；我看著他們逐漸熟練球場和街頭上的規則，我看著他們練習自己的走路姿態。他們有如俗話說的「嗅聞自己」*，真正嗅聞自己的臭氣，感受自己雄性身分的可能性。我看著他們投出三分球時無比得意的樣子，以及在搶到籃板球時互相高喊：「讚啦！」我看著他們在表現良好時跟對方擊掌，看著這些美麗少年所形成的夥伴關係，他們追隨這位鼓舞人心的女教練，學習在這座體育館裡一起壯大；她愛他們，向他們示範怎麼當個有自信、有見地的年輕人，在父親身體突然停止運作之後，該如何發揮體能過得淋漓盡致。

賽門的腳踝骨在長褲下襬處顯得閃閃發亮。他抱怨腳痛，事實上是因為腳趾變大了，推擠著鞋跟。他茁壯得勁頭十足、熱力四射，展現了堅持不懈的生命力。菲克生前一直期待看到兒子們高過他。如果我聽得到他的聲音，就會聽到他對孩子們最近的成長狀態暢懷大笑。

伊莉莎白・亞歷山大／詩人、教育家、回憶錄作家、學者、藝術運動人士，她是Andrew W. Mellon基金會會長、哥倫比亞大學史密斯學院以及耶魯大學的名譽教授，也是美國詩人學院院長。她在普立茲獎董事會上服務，參與Art for Justice Fund的簽署，這份倡議主張透過藝術和宣傳來處理集體監禁的危機。本書伊莉莎白的文章皆取自*The Light of the World: A Memoir*，此書入圍二〇一五年普立茲獎及美國國家書評人協會獎的決選名單。

*「Smelling Oneself」，為英文俚語，意思是表現得虛榮自大。

我把他們放在心上去睡覺，醒來的時候心上依然有他們；他們存在於我的人生中，影響了我做的所有決定。我想所有的媽媽都是這樣的。

——美國歌手&演員雪洛．克羅（Sheryl Crow）

當一扇門關起，另一扇門隨之開啟

泰芮・林頓（Terri Linton）

我對我父親最早的回憶，不是散步穿過公園去買冰淇淋，或是我坐在他肩膀上晃著雙腿眺望世界，而是我在等——等待他。我穿著羊毛外套，一路扣到脖子那裡，毛線帽緊貼著腦袋。黑色緊身褲和皮鞋蓋住了小小的腳，一等門鈴響起，就會踩上地面。可是門鈴遲遲未響。

幾個小時過去了。汗水順著我的臉龐流下，母親懇求我脫掉外套，但我完全不理會。爹地說他要來。她的全然不信跟我篤信他會來毫不交集。他說他會來，我只需要等待。

於是我等了又等。

我等到黑暗變成黎明。我等到衣服像膠帶一樣黏在皮膚上。母親將我軟垮的身體抱上床，她熬過了我的哭泣，我哭到睡著。隔天早上醒來時，我困惑不已。爹地沒來。不管原因為何，我都想要理解並原諒，但他根本沒出現。

還有更多這樣的日子，真的不少。每一次，他缺席帶來的痛苦，會留下一個比前次更猙獰的傷疤。他是我爸，我渴望認識的人——是我所愛過的，也是我希望他愛我的頭一個男人。我們開著他超酷的龐帝克白色雙門跑車，敞開天窗，聽著馬文．蓋（Marvin Gaye）的音樂，他的陪伴對我來說有如魔法。可是當他一次次爽約，我不禁納悶是不是我的緣故。在我那個小女孩的心靈裡，懷著小女孩的氣餒，我告訴自己，我的各方面對他來說就是不夠，永遠都達不到他設定的標準。

我父親的進場和離場持續了好多年。有時他在身邊，但大多時候他不在；有時他守住了承諾，然大多時候他食言。他的存在就像一扇想像的門，任他開開關關。當他打開，他的愛所傳來的溫暖會竄流我全身，好似一條毯子那樣包覆我。可是當他關起來，那扇門便完全無法穿透，不論懇求或淚水都撬不開。

我母親再也無法忍受。如果他繼續行蹤不定，她會上法庭追討子女撫養費——這是他一向害怕的事情，是她先前不曾做過的事。沒有道別的話語，也沒有回來的承諾，我父親最後一次關上門，就此人間蒸發。

我從來不怪我母親，她拯救了我。雖然有時我納悶他的去向，但我再也不期待他會陪在我身旁。即使他的缺席很傷人，但總算抵消了我的懸念——他是否終於會現身，並扮演我一直以來想像中的那種父親？他從來沒有，也永遠不會。最終，我不再納悶。

我目前的處境跟我母親當年相同，看著兒子窺探一扇一直關著的門，儘管他巴望那扇門總有一天會打開。那種揮之不去的痛，是獨自扶養兒子的母親所熟知的：當電話遲遲不響，看到孩子的希望從天上那麼高的地方重重墜落；爹地送來歉意，本人卻未現身時，孩子有多苦惱；在父親節慶祝活動上，孩子站在身旁，四周盡是滿坑滿谷的成對父子。那些痛苦會留下最深的傷口。就像我母親曾為我做的，我也試著麻痺那些痛楚，想辦法減輕兒子的痛。

在某個節骨眼，必須做出決定：要讓門反覆地開開關關，或是徹底封上那扇門。傷亡難以避免。有的母親可能決定永遠開著那扇門；有的母親，就像我，可能決定再也不願看著孩子尋覓門縫透進的光線。她某一天可能決定拆掉整扇門，自行打造一座碉堡，阻斷通往孩子脆弱情感和柔軟心腸的路。她會放過自己，她已在最糟糕的處境中，為孩子做出最好的打算了。她會記得自己的童年，知道當一扇門關上，總有另一扇打開。母子命運相仿，都是無父的孩兒；她會放下心來，因為生命和愛會幫助他倆度過難關。

泰芮．林頓／擁有羅格斯大學紐瓦克分校法學院博士學位，並於莎拉勞倫斯學院攻讀創意非虛構寫作碩士。在紐約數所學院擔任寫作和刑事司法教授，同時也是自由作家，主持播客*She Roads with Terri Linton*。泰芮的作品可見於她的部落格*She Is Terri Linton*、ESME、*Ninth Letter*、HuffPost、Motherly以及Mamamia。她與兒子住在紐約，目前正在撰寫回憶錄。

給我自閉症女兒的短箋

瑪莉安娜．皮爾．佛曼（Marianne Peel Forman）

I

你三歲，還沒開口說話，
除了咪娜　咪娜　咪娜
一次又一次。

我學習手語
學會比媽媽、謝謝和請

用我的指尖和話語對你說話。
就像好酒搭起司
或是花生醬配果醬
我邀請你來這個講話餐桌。

II

在我每晚的夢境裡，
我用手指指了我下巴，也指你的下巴。
你用眼睛追隨著我的手指
我看到你用嘴型說謝謝
無聲的溝通

語言在嘴唇上，少了推動那些話語的空氣

你用手語比請
然後握起我的手，拉著我踏上草地

在顫動的滿月下
草地上長滿藍花瓣的花朵
和滿天星

你用手比了跳舞
然後爬上我的雙腳，
我們在月光中搖擺。

Ⅲ

在我們清醒的世界裡，
我將酷愛果汁粉*
灑在你的嘴唇和我的嘴唇上。

我與你的臉相距幾吋，
舔掉嘴唇上的果汁粉，
慫恿你一起運用嘴唇、舌頭和牙齒。

但你眼神茫然遙遠，
在一個我看不到的世界裡。
我撬下牆上的那面全身鏡，
將你放進我懷裡，

兩人一起對著那面鏡子
我再次舔起嘴唇，
發出咿啞、咂嘴的聲音，
歡喜於嘴上那種砂礫般的甜味。
你的嘴顎不動如山。
不管發出多少嗂嗂嗂的讚嘆聲
都無法說服你嚐嚐自己的嘴唇。
你正雲遊於遙遠的他方。

*酷愛（Kool-Aid）為美國卡夫亨氏公司旗下的即溶粉末飲料品牌，後成為此類即溶飲料的通稱。

於是我摟住你
緊貼著我身軀的柔軟之處
一面唱著咪娜　咪娜　咪娜

跟你一起，
由你帶頭，
隨著你創造的節奏搖擺。

瑪莉安娜．皮爾．佛曼／曾於中學任教三十二年的英文，退休後在幾所大學指導社工技能，她是一位獲獎的詩人，作品曾刊登於*Muddy River Poetry Review*、*Belle Rêve Literary Journal*、*Jelly Bucket*及其他眾多出版品。她也是長笛演奏家，扶養四個女兒，並與伴侶Scott共同生活。她的詩集*Unmasked: Women Write About Sex and Intimacy After Fifty*於二〇一七年由Shadelandhouse Modern Press出版。

我是不一樣的那個

妮薩・拉席德（Nisa Rashid）

我的生日在四月，那也是全國詩歌月。二〇一一那年我即將十一歲，決定要寫十一首詩，來慶祝這兩個日子。其中一首詩的標題是「我還活著的時候，我願意」，讀起來更像是遺願清單。它囊括了八件我希望在死前完成的事情，像是騎著獨角獸到阿拉斯加，在地中海的浪濤上跟我所愛的人結婚，甚至將我的頭髮染成霓虹綠。我也寫說，想跟父親在布魯克林的街上散步。

寫下那首詩的我如此稚嫩。當時我很樂觀，常幻想各種可能性，尤其跟我父親有關的事。當時，我不太懂得驅逐出境的意思。二〇〇九那一年，我九歲，他被送往蓋亞那，我不明白那就表示他被禁止返回美國。如果他被禁止回到美國，那麼他就不能回到布朗克斯的街區逗留，也肯定不能到布魯克林來見我。我也不知道有另一個選項——我可以到他家鄉探望他，跟他在那裡的街上散步。

我一向知道他坐過牢，但我從來不因為他是我父親而難為情。讓我難為情的，是我發現朋友中沒人跟我一樣擁有類似的家庭生活。他們不少人都跟爸爸一起住。偶爾當我談起爸爸時，他們會問我，怎麼去你家的時候，你爸爸永遠不在呢？我不知道該如何回答他們的問題，所以總是找個方式，將父親當下不在的事實輕輕帶過。我知道我是不一樣的那個，但在我還是小女孩的時候，要我承認和接受這點很困難。

我七歲時，曾有一次與母親還有一位玩伴及他的母親一同出門。在我們吃東西的時候，母親們說起我們的父親都在坐牢。我頓時有了如釋重負的感覺。在那天之前，我不知道其他人，當然也是我不認識的人，也有相同的處境。知道我並不孤單後，我能更自在地聊起我父親。

關於他的去向，我以前總是盡量避免提及細節，但我父親坐牢的事情其實從來就不是祕密。我母親曾寫過書與文章去談論她與父親的關係，以及我們的生活，所以很多人都知道這個故事。不過在我的記憶裡，我成長期間不太會有人講起他或提到那個處境。我媽的朋友們可能會問「噢，你爸還好嗎？」之類的，可是從來沒人問我「噢我的天，沒父親的感覺怎樣？」這類問題。有時候我會因為他不在我身邊而難過，但我從來不覺得自己沒有父親。我們的關係很不錯，他在我人生中一直是個強烈的存在。我一直擁有我父親。

在他被驅逐出境以前，我早已有一陣子沒見到他，但我們還是非常親近。我們每星期聊天兩次，總是透過社群媒體保持聯繫，有時也用Skype。我還記得我和母親會早早起床，開車或搭巴士去探望他。對我來說，那些時光總是很愉快，因為我有機會見到他、跟他相處。可是我母親總是告訴我，那些獄卒對她很惡劣，尤其在我還是嬰兒的時候。她會告訴我，他們對她真的很糟糕，那些探訪時段讓她渾身不自在，可是那些事情我全不記得了。

我成長期間，我母親並未向我敘說他入監的一切，但我想她已經盡可能坦誠了。雖然她沒直接說他為什麼要服刑二十年，但她從來不曾把他形容為罪犯；反之，她會談起他是什麼類型的人。她總是告訴我，他是個好人，在年輕的時候沒有恰當的支持或引導，加上所處的環境，是讓他年少就被送進監獄的主因。他也讓我清楚感受到這一點。

如果必須用幾個字形容我父親，我會說他保護欲很強，非常關心人。他總是告訴我他有多愛我，隨著我漸漸成熟，他會跟我聊起男生——「要小心喔！」任何父親都會這樣提醒女兒。他看到我的成績，也從我母親那邊聽說我的優異表現，但沒能同住一個屋簷下最令他感到艱難與困惑的事情之一，就是沒辦法親眼看著我成長。我可以看出他知道我表現得不錯，因為他總是提醒我，我是個聰明漂亮的年輕淑女。他很常鼓勵我，總是替我著想。我也知道這一點。

我還應該提一下，我父親很虔誠。他成長背景是天主教，入獄後改信伊斯蘭教，在他和我母親結婚以前。我出生的時候，他們替我取了兩個阿拉伯名字——「妮薩」的意思是「女子」，「拉席德」的意思是「指導」——但我認同的不是穆斯林，我也告訴他了。他試著跟我說明，若有一方家長是穆斯林，嚴格來說子女也算是，但我跟他在這點的看法並不相同。儘管我尊重他的選擇，但我並不喜歡他信仰的一些做法，尤其跟性別歧視有關的那些。我知道穆斯林女性應該要遮住頭髮那類的，可是我並不贊同。我母親更開明，也更通情達理。

就宗教信仰來說，我們的看法可能不一致，但我和父親絕對因為文化而相連。他的家族來自蓋亞那，所以，就跟他一樣，我對蓋亞那文化也有強烈的認同。住在紐約，有那麼多文化都受到賞識，我的街坊鄰居都是迦勒比海人，我也透過食物和音樂，跟自己的本源保持聯繫。我開始閱讀與蓋亞那有關的書並研究它的歷史，我媽說等我十六歲，我們可以去那裡，讓我親眼看看那個國家。我很期待，但最重要的是，我很期待能見到我父親，跟他手牽手一起在街上散步。我想，那一天我們會很開心。在那之前，我會盡量敞開心胸、保持樂觀。

成長期間有個家長坐牢並不是理想狀況，但隨著我漸漸長大，我明白接受自己所擁有的東西是多麼重要的一件事。我很感激有這麼棒的父親，但我也知道母親要扛起照顧我的重擔並不容易，我感謝她所做的一切。我們從祖父母和很多朋友那裡得到幫助，我想，同時要打理一個家庭和扶養一個孩子，對一個人來說負擔太大了。

很多人問起我對婚姻和家庭的展望，我總是說，我絕對兩者都想要。我想像自己未來結了婚，而我丈夫會在家。後者絕無商量餘地。也許我甚至會跟我所愛的人在地中海浪濤上成婚，就像我十一歲寫下那首詩的時候所想像的。等著看吧。

妮薩・拉席德／畢業於紐約市布魯克林友誼學校，目前就讀哥倫比亞大學。十五歲初次發表的作品〈青少年真正需要的毒品教育〉（The Drug Education Teens Really Need，暫譯）刊登於HuffPost。本文由妮薩口述、蕾吉娜・R・羅伯森（Regina R. Robertson）整理。

沒有任何聲音能勝過小傢伙對滑稽事情哈哈笑。

——南非演員莎莉・賽隆（Charlize Theron）

回歸

朵里安・勞克斯（Dorianne Laux）

我女兒，十歲，膚色泛棕——再次到亞利桑那州
跟她父親一起過完夏天回來——飛機展開幽魂般的蓬蓬煙霧
她滿不在乎，走下斜坡。
我都忘了他的雙腿，
跟她一樣黝黑結實，曾經大步邁向我
越過一片踩實了的沙地。
她的肩膀，跟他一樣下斜，撐著棉襯衫
開得很低，我可以看到

她鎖骨的優雅弧度
有如翅膀，她喉嚨凹處
那個殘酷的下沉。我的喉嚨發緊
當她綻放笑容，瀏海
在臉龐四周被風吹成了扇形，
金色頭髮有如
曾經在我們籬笆後面
狂野擺動的蒲葦。
當時讓我們聚合在一起的
不管是什麼都破了，碗盤
摔得滿地都是，他死滅的香菸
一根根壓扁在門廊的欄杆上。
現在她展開手臂，有如他
過去那樣，背後襯著蔚藍天際，
如此廣闊，我擔心她就要隨著

陣陣抓狂似的強風
往上飄飛，消失不見，
就像掉了一半的夢，進入
險象環生的未來，進入
豔陽的熾白核心。

朵里安．勞克斯／著有多本詩集，其中*What We Carry*一書入圍美國國家書評人協會獎決選名單。*Facts about the Moon*榮獲奧勒岡圖書獎，也入圍Lenore Marshall Poetry Prize詩獎的最終名單。*The Book of Men*則榮獲Paterson Poetry Prize獎。她在北卡羅萊納州立大學創意寫作學程教詩，是太平洋大學在職進修藝術碩士學程的創建成員。近期詩集*Only as the Day Is Long: New and Selected*在二〇一九年出版。

教我兒子寫字：一位啟蒙老師

史妲希亞．M．佛雷葛（Stacia M. Fleegal）

獻給 Jax

字母對我的大男孩來說
並不是安地斯山脈：他大膽聰慧，
他攀過幾世紀嘎嘎兒語的起伏地勢
直至某日可以對我說出親愛的媽媽，或是描述
享用我們菊苣的鹿隻，或是表情達意，展現自我本位
（好吧！）到煽動他野性脆弱自我感覺的火焰，

如同世世代代的優秀作家。老天，
他五歲，我有半個鐘頭可以向我們身為
煽動型理想主義者的傳承致敬，
然後冰河時期又會再度登場！
辯解：他把J寫整齊的時候，就是一朵茉莉花。
在疲憊無比的一天過後，躺上大床有如得到親吻。那是
一種傳承，愛與語言，他的線性發展已經
偏離了我，蜿蜒曲折的長破折號。一個母親
需要這種自戀的偏袒，
要不然繁衍是何等的
遼闊如海的誓言？將我的熱情傳下去，它那追求務實與
唐吉訶德式的武器，它震顫與安靜的疑慮，它的
釋放、怒吼、革命，正是救贖。
再多坐片刻，甜心，我們很快就要
完成今晚的論述，各自

噱吠著我們的理解：你
很有方向感，而
書寫是我一半的價值所在，我為之狂熱，
但你的J—A—
X是我生命的軸心，
你獅子般的哈欠，你熊般的擁抱，你
對求知的渴切，是我的禪。

史妲希亞．M．佛雷葛／著有兩本長詩集及三本小詩集，詩作廣泛發表於文藝期刊，二〇一七年被提名為Best of the Net網路選集。她的短文曾刊登於Salon、Scary Mommy、ESME等平臺上。身為創意寫作中心的主任及Another Writing Mom的部落客，史妲希亞在賓州中部工作、寫作，同時也是單親媽媽、戶外遊玩愛好者、志工與反抗份子。

沒什麼大不了

雅各・柯能堡（Jacob Kronenberg）

親愛的老師：

我有個不尋常的家庭，這點有時候會帶來挑戰。要面臨挑戰的人，與其說是我們——我們過得非常快樂——倒不如說是對我們感到好奇的那些人。我想讓你知道基本資訊，好避開一些尷尬的問題：我有兩個媽媽。她們從未結婚，因為當時同性婚姻尚未合法。她們在我六歲時分手，現在共同扶養我和妹妹，各自以單飛媽媽的身分。兩個媽媽都是我的合法監護人，所以她們都可以簽學校的通知單、打電話替我請病假、參加親師會。

我和妹妹與她們一起住，輪流在她們各自的家。

請不要在課堂上拿這件事做文章，因為那真的沒什麼大不了。人工生殖技術不是什麼新東西，有不少異性戀夫妻也用它來生孩子。分道揚鑣但合力扶養孩子也不算很罕見。雖然同志父母透過《摩登家庭》這樣的節目進入了主流，但很多小孩（而且令人驚訝的，是很多成人）就是意識不到有我這樣的家庭。這兩種條件加起來，連那些或許可以接受同性父母或離婚媽媽的人，有時候也會覺得奇怪。

另一個常見的反應是，朋友或成人會出於善意，連珠砲似地對我發問。更糟的是，大家會因為我完全正常的家庭，表現得好像我是「全世界最有意思的人」一樣，逼問我由兩個女人養大是什麼狀況。因為那往往是無辜的好奇，我會盡可能耐住性子，可是要一次又一次回答同樣的問題，有時很吃力。大家針對我的家庭小題大作，我之所以會感到厭倦，是因為我真的不覺得我的家庭有如大家想的那麼不同。我依然有表達關懷與支持的雙親，而且我成長的方式就跟其他孩子相同。

如果其他孩子納悶我這樣的家庭怎麼運作，我會很樂意跟他們談談，可是請不要叫我在全班面前討論這件事，尤其不要在頭一天「互相認識」的遊戲裡、眼睜顏色的遺傳學練習上，或是上到「家人和家長單元」的法文課時。我跟其他孩子沒兩樣，請不要把我的正常生活變成特別的課程。這點也適用於那些可能會嘲笑我，或用難聽的話講起我家人的小孩；我會先跟他們談談，如果需要幫忙，我會主動來找你。

還有另一件事應該讓你知道：就像很多媽媽一樣，我兩位媽媽的行程都很忙碌，所以有時會有別人來接我放學。這些人可能包括我媽的新女友，或是我朋友的家長。請不要把我媽的女友叫成我媽，也不要問我朋友的爸爸是不是我爸。我是透過捐精出生的，所以根本沒有爸爸。如果你搞不清楚誰是誰，請不要自己推測——直接開口問就好！我一點都不介意！

對我來說，關於我家人，最重要的那部分，與我有兩個媽媽或我是捐精寶寶一點關係也沒有。重要的是我們家建立的傳統：我們家吃可麗餅當早餐，公路旅行的時候跟著《真善美》配樂一起高唱。如果你有任何問題，儘管開口問我、問我媽或我媽。

謝謝，
雅各

雅各·柯能堡／在伊利諾州的埃文斯頓成長，由不是一位而是兩位美妙的單飛媽媽養育長大。目前正在紐約大學攻讀化學工程博士，他不在實驗室的時候，喜歡下廚、閱讀、探索那座他稱為家的城市。

給我們捐精者的一封公開信

蘿賓・席伯雷（Robin Silbergleid）

我們的女兒長得像我
大家都這麼說，她眉毛的結構
意有所指的眼神。
但在你十三個月的照片裡：形似我們寶寶抓了貓咪尾巴後
露出無牙的笑容。你說每個孩子
都需要一個會閱讀的母親
而每個晚上
我將她放在腿上

讓她吸吮厚紙板插畫，
《紅色大穀倉》*、《月亮，晚安》。
如果你跟我們一起住，你
就會知道這點。也許我在沙發上餵她奶的時候
你就會端杯茶給我，
一本詩集攤開放在附近。
有時候我納悶你會不會好奇我們的事，
當你在實驗室工作，
或是當你拿奶瓶餵自己的新生兒子。
我們孩子的故事
交織在一起。那片織錦
再美麗不過，四處布滿
這些逐漸擴大的洞口。

*原文書名*Big Red Barn*，本處暫譯。

蘿賓・席伯雷／著有詩集*The Baby Book*以及回憶錄*Texas Girl*，也是*Reading and Writing Experimental Texts: Critical Innovations*的共同編輯。任教於密西根州立大學，指導創意寫作課程。從二〇一四年開始，她透過國際藝術、口述歷史、肖像畫等項目，帶領以生殖能力失落為主題的寫作工作坊「不孕症的藝術」。她自主選擇成為單親母親，育有兩個孩子，目前和家人住在密西根州的東蘭辛。

爸爸日：死亡是個假日

蘭莉・基普（Lennlee Keep）

約莫一年前，我前夫喬許被人發現身亡。他逝世一週年的日子即將到來，我從朋友和家人身上，感受到眾人對於紀念這一天的壓力。我和兒子花了一整年的時間，試著拼回常態和快樂的碎片，想到要照著月曆上圈起的一個日期，重溫我們的失去，就令人感到痛苦且愚蠢。就像在閃電頻仍的暴風雨中泅泳。當然了，你可能不會被雷劈中並溺斃，但又何必冒這個風險呢？

況且還有實際層面的問題。因為喬許跟酗酒問題纏鬥許久，最終被人「發現」身亡，我們無法確定他確切的死亡日期。我們也無法在那天掃墓，因為他火化後的骨灰就放在我們家客廳。我想我們可以在放骨灰罈的書架旁守夜，可是感覺就很怪。

我確定的是，我不能無視那個日子。我不希望兒子戴許多年後回顧，納悶爸爸過世一週年，我們為何什麼都沒做。我從來就不希望戴許認為我忘了他爸爸或不愛他，雖然我們在他過世前已經仳離三年了。

對著照片哀哭啜泣，聚焦在喬許的缺席，用這種方式度過這天會是很糟的方式。我對「禮讚生命」的熱門做法並不熱衷，因為它會抹消我們的悲傷。哀慟這種情緒相當複雜，我想大家都應該照自己的方式來處理。我討厭聽到「他會希望你們快樂——他不會希望你們哭泣」這樣的話。首先，那就否定了我們失去親人的痛苦；再者，如果喬許可以實現任何願望，我敢說他會希望自己沒死。

所以我訂定了「爸爸日」——在這一天，我和戴許會做他父親熱愛的一切事情。喬許是英國人，熱愛馬麥醬，所以我們「吃」它當早餐。我們其實不是真的吃，因為那是一種令人作嘔的酵母醬，我們兩人都受不了。我們把它抹在烤吐司上，咬一口，乾嘔，就衝到水槽吐掉。後來，我們還吃了喬許的幾種最愛：披薩、Dr Pepper可樂、爆米花、小熊軟糖。

喬許很迷曲棍球，所以我們拿出他的紐約騎士隊曲棍球球衣。戴許那一整天都穿著白色那件，我則在自己可以忍耐的範圍內穿藍色那件，我的天，聚酯纖維！我們看著沒人懂的板球，還有喬許最愛的電影，像是《戰士聯盟幫》。只要時間可行，就用許多集的《辛普森家庭》為那天劃上句點。

關於喬許的故事自然會出現。我跟戴許說起他有次趁父母出城時辦了場大派對。要不是因為在答錄機上錄下了大半過程，他原本可以僥倖逃過的。還有他碰到柴契爾夫人，不小心在她腳邊掉了一個保險套，她的反應是，「怎麼？撿起來啊！」

喬許的哥哥馬克斯從義大利來電，分享了更多瘋狂的故事。像是某年聖誕他們在桑吉巴逃過警察的追捕，或是喬許在倫敦叫六歲的弟弟路易自己搭計程車回家，因為他想跟剛認識的可愛女孩共度一點時光。青少年時期的他多麼瘋狂，逗得我們哈哈笑。是的，我們也哭了一下，因為喬許也會很愛「爸爸日」，而他都錯過了。

喬許亞・吉普，出生於一九六九年四月二十一日，在二〇一六年八月十九日被人發現過世。但他出生和過世的日期不能代表他。他是他的笑容。他是他哈哈笑、付出、打哈欠、工作和愛的方式。我想以這種方法，讓戴許認識那個男人的種種親密面向。我試著透過喬許英勇、愚蠢和善良的故事與神話，讓他鮮活起來。

所以，每年一回，在我們的節日那天，我們會仔仔細細檢視他生前的樣子。我們會將他拉回我們身邊。所有他鍾愛的事物和人們都還在這裡。我們讓他看到我們記得很多——以及我們能遺忘得極少。

蘭莉・基普／非虛構作家、電影人、說故事人、少年Dash的母親。她的文字作品散見於Rumpus、*Southeast Review*，她的影片則曾在PBS、A&E以及BBC播放。前夫過世後，她談論悲痛的頻率超過多數人能夠自在承受的程度。她正在撰寫一本回憶錄，關於上癮、傷痛、一顆破碎到需要手術修補的心。雖說如此，她比前兩句所形塑出來的形象還要滑稽得多。

我很幸運能夠置身在一個巨人的陰影中。我媽媽的魔法粉末灑在我身上，我希望我沾到了足夠的魔法粉末，可以像她過往以及一直以來的那麼勇敢。

——美國喜劇演員&脫口秀主持人崔佛・諾亞（Trevor Noah）

如何祈禱

莎紀・科恩（Sage Cohen）

我隔著兩步跟在兒子後面
在碎礫小徑上，他向
鴨子大喊哈囉。
那隻松鼠的背上失去了一道皮毛。
我早該跟別人結婚的。
人可能因為母職而死。

連虎紋楓木電吉他的同好
都不再於屋裡睡覺。

他真正離開的幾年前
就已經離去。首先，他在我身上

射出了一道門，
每次一個怨懟。然後穿過那個

我身體原本所在之處，繼續往前走
他說他想繼續

嘗試，可是在不見努力的狀況下
那又是什麼意思？

老天啊，櫻花正在盛放。今天早上
我兒子用剪碎的花朵，組成作品給我。

我嫁了個男人
他的雙手不是造來取悅我的。
我像火炬一樣舉高花瓶。

莎紀・科恩／畢業於布朗大學及紐約大學的創意寫作學程，著有非虛構作品*Fierce on the Page*、*The Productive Writer*及詩集*Like the Heart, the World*，由Queen of Wands Press出版。她的詩作、散文和小說散見多處，獲得多項獎賞與榮譽。她創立了Sage Communications，在全美各地的工作坊和研討會上教學與演說。現與兒子住在奧勒岡的波特蘭。

蝴蝶和陽光

瑪莉卡・林登姆（Marika Lindholm）

黑翅藍色小鳥在半空漂浮片刻，牠正從我們四樓公寓的浴室窗戶逃了出去，彷彿跟我們一樣驚呆了。我和女兒捕捉到這個停頓，轉眼間她喚作「蝴蝶」的小鸚鵡便失去了蹤影。我們盯著柏油屋頂和逃生梯，兩人都哭了出來。

我帶著五歲艾拉和她的三歲弟弟喬納斯，離開了過去與他們父親同住的房子，內疚促使我將我們的小公寓，盡可能布置得很能安撫人心。我給每個孩子一個專屬的房間，我則睡在沙發上。我的薪水大半都花在替兒子創造一個風格大膽、恐龍主題的臥房；我女兒的牆壁、床單、毛毯和枕頭則飾滿紫色和粉紅色蝴蝶。小小的藍鸚鵡是在一場特別具有毀滅性的調解會之後，在寵物店買的，當時她父親控訴我毀掉他的人生；而那次，也是我對艾拉著迷的事物及我個人無盡內疚的最近一次回應。

我們三人在市中心街區搜尋，朝著樹木呼喊，告訴每個路人我們的寵物鳥飛走了。有幾個人同情我們，建議我們打電話給當地的獸醫並製作尋鳥海報。我們繼續走著，淚水滾落艾拉的臉頰，喬納斯則哀號說腳痛。我想趴在地上，用頭去撞人行道，好讓那種痛苦離開。黃昏了，我們不得不放棄。

關於該怎麼公布離婚的消息，治療師給過我們建議。腳本也寫了。建議是，既然孩子們都還那麼小，最好等到我們搬家前幾天再說。顯然，要到事情發生的當下，他們才會覺得真實——真的不是玩笑。「離婚懇談」按照計畫展開：我們哭了，擁抱孩子，然後他將他們摟進懷裡，含怒的控訴目光越過擁抱朝我射來。

我花了幾星期的時間準備並油漆、布置我們的新公寓，一面忍受種種屈辱，像是請求父母合簽租約，偷偷賣掉塞不進新家的衣服、鞋子和運動器材。頭一天，我深吸一口氣，牽著孩子們的手，笑容勉強，帶著他們登上三段階梯。到了樓梯頂端，我跪下來，喘著氣，將他們拉近自己，並且說：「我知道這很怪又很悲傷，可是我保證我每一天都會努力讓你們快樂。」他們露出勇敢的笑容，我們就這樣走進了新生活。

艾拉為了製作海報，費盡心思剪下並黏貼蝴蝶的照片，我們先前在圖書館印了一百張。我打電話給當地的動物專家和獸醫時，喬納斯正在看著《花園小尖兵》的系列動畫。我怎麼可以讓這件事發生？將蝴蝶抓出籠子前，我們一向都會關起所有窗戶，可是這次我卻忘了浴簾後面微微打開的氣窗。蝴蝶找到這個小出口的速度之快，在我心頭揮之不去。

我和艾拉隔天早上就踏上街頭。那隻可惡的小鳥。每次有一抹藍閃過，我心跳就會加快，會是牠嗎？

海報發送完畢後，艾拉問：「你認為蝴蝶會交了新朋友嗎？」

搬出去的影響來得飛快。我那個頂著滿頭金色鬈髮、天使模樣的三歲兒子，正在踢著我的車椅，還拋丟食物、亂摔玩具。他的脾氣很快地成了一則傳奇，當他哭得呼天搶地快要昏厥時，常常以窒息般的聲響或哭到失聲告終。頭一次發生這種狀況時，我還真的以為他死了。

艾拉盡忠職守回報說，團體諮商很有用；在喬納斯不肯配合的時候，她會給我擁抱。我們一起洗碗，將髒衣物拖到自助洗衣店，也替我們的新生活製作相簿。耶！南瓜！喲喔，遊樂場！哇，新學校！看看我們三個人多快樂！其中有很多頁都獻給了蝴蝶，牠停在艾拉的手指上、肩膀上，當然還有頭頂上。

我們貼出海報後兩天，有個女人來電並說：「我想那隻鸚鵡在我們這裡。」

「什麼？！」

城的另一邊，在一間有美麗草坪的真正房屋裡，一位身材福態的長髮女人邀請我們進去，跟我們說了那隻甜美鳥兒出現在她蘋果樹上的經過。我和艾拉為了自己的無比好運而笑著，走向那個大大的竹籠。裡頭唯一的住民是一隻黑翅黃色小鸚鵡。

「那不是蝴蝶！」艾拉嚷嚷。

我們在對話中怎麼會忽略那個細節——小鳥的顏色？我咬唇忍淚，艾拉則任由淚水滾落。

「親愛的，很抱歉這不是你的小鸚鵡，可是你可以拿去。」這個善良的女人是否察覺到情勢的脆弱，還是純粹想送走那隻小鳥？

艾拉瞪大眼睛。

「這隻小鳥很友善，你連這個可愛的籠子都可以拿去。」

那個模仿泰姬瑪哈陵的細緻竹籠差點塞不進我們車裡。我聽到艾拉在後座柔聲哄著，「我要叫你『陽光』。」然後她輕聲說：「絕對不要想飛走。」

我睡在沙發上的頭一個冬天充滿了諸多挑戰，可是沒有一個比找個離我們公寓夠近的停車位還令人沮喪，只為了能讓累壞了的學齡前幼童和幼兒園生，可以自行走到公寓大樓爬上那些樓梯。我往往得冒著我並不引以為傲的風險——將孩子們暫時留在大廳，請不知來歷的鄰居幫忙看顧，或是先把他們鎖在車上，我跑著把一袋袋生活用品扛上樓。

一場芝加哥的暴風雪徹底擊垮了我。當時我並排停車，將孩子們留在大廳，保證快快回來。為了移開積雪，街上停車大多遭到禁止。雪砰砰地擊打我的擋風板，我不停尋找停車位。沒有雪用輪胎，車子打滑不止，我慢慢駛過一個個街區，就為了找個空位。我繞了兩個、三個，最後是五個街區的半徑距離後，恐慌在我喉頭升起。眼前一個該死的車位也沒有。

如果我當初在婚姻裡撐下去，我的寶貝們就不用在水氣朦朧的大廳裡等待，納悶著他們的母親是否會回來。我試著調整自己的呼吸，我向命運懇求：讓我的孩子安安全全，我永遠不會再扔著他們不管。可是無論我怎麼討價還價，還是毫無效果。

我斥責自己將個人的幸福擺在孩子前面，遂將車子丟在雪堆中不管，拔腿衝回家，又大又溼的雪花砸在我臉上。我手忙腳亂要開鎖，發現艾拉正在念《一條魚、兩條魚、紅色魚、藍色魚》（*One Fish, Two Fish, Red*

Fish, Blue Fish，暫譯）給喬納斯聽，我大大地鬆了一口氣。我將他們拉近自己，邊啜泣邊說，「抱歉，媽咪很抱歉。」他們抬頭看著我，彷彿我發了瘋似的——因為我確實就是。

後來發現，陽光這隻小鸚鵡社交能力好得出奇，我們全都喜歡上牠。牠想要摟摟抱抱，貼在人的身邊，我們全都受惠於這隻快活的黃色小鳥。我們看電視的時候，牠會停在我們的手臂上，或是在孩子寫功課時坐在他們的肩膀上。隨著時間經過，我們結交了新朋友，創造了自己的家庭儀式，學習愛上我們在樹梢上方的小公寓。在我們尋找三人家庭的節奏時，陽光爽朗的啼囀提供了背景配樂，如釋重負和笑聲取代了互相指控和內疚。

過了將近兩年後，我們注意到陽光的左翅開始下垂，牠的飛行變得笨拙不牢靠。起因是腫瘤，而且藥石罔效。

臨終的最後幾週，牠不再使用那個華麗的鳥籠，而是睡在艾拉身上。我對牠會不小心被壓扁的恐懼則被證明是毫無根據。

一個週末，孩子們到他們爸爸的家，我感應到終點接近了，於是走進艾拉的房間。我想讓陽光舒服點，但牠根本不想要。不知怎麼的，牠想辦法躲進桌子底下的角落，小小胸膛因為呼吸吃力而起伏。盯著牠看感覺極為打攪，也很不敬，但每隔十五分鐘，我就會手腳著地，爬進去看牠是不是走了。

許多個鐘頭過後，陽光間間斷斷地發抖。為什麼這麼久？我決定夠了，給牠一整個滴管的兒童退燒藥。幾分鐘之內，牠就在我手裡死去。

屋子裡靜悄悄的。要打電話給孩子也太晚了。我將看似毫無重量的鳥屍包在廚房紙巾裡，端坐良久，然後拿起手套、外套和鏟子。在夜色中，我替這隻黃色小鸚鵡挖了個洞，牠在我們脆弱痛苦的時候，進入我們的生命。我將土灑在牠身上時，涕淚縱橫，心好痛。但這跟蝴蝶失蹤那天不一樣，我真正為了陽光而哭泣，牠歡喜的啼鳴和鳥語讓我們揚起笑容。隔天，我和艾拉、喬納斯會回到這個地方，舉行一場正式的喪禮。到時候，我們會說出想說的話，流下想流的淚。但在這一刻，我將潮溼的土壤拍實，用小石子排成心型，我知道雖然我們會想念這隻甜美的小鳥，但我們三人都會好好的。

瑪莉卡．林登姆／本書共同編輯，創建了ESME社群平臺，一個點亮單飛媽媽的社會運動。身為專業的社會學家，她在西北大學教導不平等、多元、性別超過十年。瑪莉卡除了發表學術文章，也固定投稿給*Psychology Today*、*Working Mother*、mindbodygreen、Talkspace；也在*Daily News*、*Elephant Journal*、*Hill*、*Ms.*、*Silent Voices*、*Southern Indiana Review*等處發表過散文和小說。

Chapter 2

就靠我——關於單親支援

Lean on Me

確實，我是單身母親。但我養育女兒的時候並不覺得孤單。克麗希娜有另一邊的整個家族愛著她。所以克麗希娜由我養育，也由她祖母、姑姨、表親、叔舅和朋友養育。

——電視名人&作家帕德瑪・拉克希米（Padma Lakshmi）

找到我的聲音，餵飽我的朋友

嘉內兒・哈迪（Janelle Hardy）

「你不要任他們擺布。你打電話到辦公室時，一定要找辛西亞。」我朋友莫妮夫，她是我研究所同學，來自奈及利亞的難民，正在教我怎麼替自己發聲。

我是害羞安靜的單飛媽媽，對自我肯定沒什麼經驗。可是我的資源已經用到了極限。我別無選擇。

二十四歲，帶著十一個月大的寶寶，我從加拿大北邊的家，橫越五千五百公里，來到多倫多攻讀碩士學位。我知道除非拿到女兒的日托補助，否則我繳不出學費。抵達多倫多不久，我替女兒註冊大學的多元合作日托，再向市府申請補助。

「你從哪裡來的？」承辦人問。

「育空。」

她審閱我的財務資料和條件。單飛媽媽，遠離老家背負學生貸款，在大學兼差，資源有限——我絕對有資格取得補助。

「你要怎麼支付日托？」她質問。

二〇〇三年，當時嬰兒每個月的日托費用是九百五十美金，我負擔不起。可是我在等待補助的期間，先用信用卡支付了頭一個月的費用。

「我的信用卡？」我用疑問句輕聲回答。

「我信不過你。你破產過度了。」她這樣宣布完之後，就送我上路了。補助被拒。

我一句話也沒說。

搭市區公車返回大學的路上，我嚥下淚水。算了算，我可以再付兩個月的日托，然後就得輟學回到北部。我並未請對方撤回決定。我不曾質疑。我想，我從沒跟任何人提過這有多不公平。我只是默默絕望著，一次次在腦海裡反覆重溫細節，試著想通這一切。

直到我遇到莫妮夫，在日托辦公室當志工的單飛媽媽。莫妮夫親身體驗過申請、官僚和文化衝擊的折磨。她學會了在大城市投入單飛母職的種種，她不願接受不公平的決定。

有一天，她一如平日作風，直截了當地問我，將會拿到什麼樣的日托補助——她以為我的申請百分之百會通過。我說我得負擔全額，她火冒三丈，氣呼呼說起補助辦公室和他們承辦人的恐怖故事。然後她告訴我，「你必須回去，請對方撤回決定。」

撤回決定？我大為震驚。有可能嗎？我沒什麼自主感，也沒有信心能讓別人聽見我的聲音。可是我也非常渴望能繼續求學，而我原本的錢幾乎快用罄了。所以我照著莫妮夫的建議，替自己又預約一次。

我坐在意圖製造舒適印象的布料辦公椅上，緊緊併著膝蓋，抗拒著每次開口說話就想啜泣的衝動，我告訴莫妮夫推薦的承辦人辛西亞，我頭一次申請補助時發生的狀況。

「她那樣說？」辛西亞嚷嚷，「那也太過分了！你這陣子都怎麼付日托的錢？真不敢相信你碰到這種事。我會處理的。」

如釋重負的感覺流竄全身，我顫抖著換氣，抹掉眼角的淚珠。

「你有資格得到全額補助，」她解釋，「我們通常不能補發，但這次太過頭了。」

一週內，我的日托費用從一個月九百五十美金，縮減到五十美金，而我先前支付的三個月也得到了補償。一位單飛媽媽為我上了第一堂替自己發聲的課。

我在多倫多的兩年期間，結交了幾位單飛媽媽朋友。莫妮夫單獨扶養跟奈及利亞男人生下的兒子。艾爾莎來自瑞典，獨自撫養跟牙買加男人生下的女兒。安娜特來自牙買加，扶養一個跟奈及利亞男人生下的兒子。我養育的則是跟巴貝多男人生下的女兒。我們都在攻讀碩士學位（分別是環境研究、生物、商務、舞蹈）。我們全都扶養著混合了種族和文化的孩子，沒有另一個家長的參與或支持。我們都經歷了某種程度的文化衝擊和適應。

我跟這些女子的個別友誼，逐漸演變成每週兩次共享佳餚的盛宴。我會烤檸檬香料雞，邀請朋友和她們的孩子一起過來吃飯。我很喜歡孩子們在我小小公寓裡快樂嬉鬧的聲音，就在校園日托中心的樓上。我很愛食物的香氣——雞肉、烤蔬菜、店裡買來的脆餅和起司，有時候還有酒。女人們在地板上圍坐成圈，放聲大笑，膝頭上撐著各自的學步兒，以及搖搖晃晃的一盤盤食物。

這就是我身為單飛媽媽存活下來的方式：在求學期間，帶著一個小女兒，踉踉蹌蹌碰上了一群單飛媽媽朋友。我們志同道合，聰明伶俐、勇於冒險、個性鮮明，更不吝於分享資訊。這些朋友幫助我長成一個能為自己和女兒挺身而出的獨立女人。她們幫助我長成一個懂得渴求姊妹情誼，並且懂得怎麼耕耘這份情誼的人。我的單飛母親朋友以善心、食物、照管孩子、建言，伸出了她們的友誼之手，而我也學會如何回應，以及如何將那份知識傳遞下去。最重要的是，往後我懂得怎麼為自己挺身而出。

嘉內兒・哈迪／藝術家、作家、回憶錄寫作教師，來自加拿大西北部荒野。她擁有人類學、舞蹈、哈樂手療結構整合的學識背景，以單飛母親和自由創作者的身分熱烈展開中年人生，抱持著「創作、與身體連結、重新找回自己的故事，可以翻轉人生」的信念。她給單飛媽媽的建議是：「好好把握與孩子一起闖出道路時，生出的力量和喜樂。不要讓文化、社會或外在評斷所帶來的壓力，形塑你的生活和家庭認同。」

獻給我的姊妹淘

夏麗絲・金布羅（Sharisse Kimbro）

這要獻給我的姊妹們
不是愛在背後捅刀、不是愛說三道四、
罵「她以為她是誰」的那種姊妹，
不是痛恨成就、拐走別人的男人，
罵「我受不了那個婊子——」的那種姊妹，
不是在你面前微笑，卻在你背後說壞話的那種姊妹，
不是把你的私事告訴任何願意聽的人的那種姊妹，
不是滿心仇恨、指天罵地、愛操控人的那種姊妹，

不是無故就愛裝模作樣的那種姊妹，
不是重形象沒內涵的那種姊妹，
不，這是要獻給貨真價實的姊妹……

是那種……
……當全世界槓上你，會跟你站在一起的那種姊妹
……當你再也站不起來，會撐起你的那種姊妹
……不會把你的祕密說出去的那種姊妹
……即使實話傷人，也會跟你說的那種姊妹

是那種……
……當你生下自己的骨肉時，會幫忙抓住雙腳的那種姊妹
……當你有望成功卻不會嫉妒的那種姊妹
……會教你怎麼呵護夢想才不會受傷的那種姊妹

是那種……
……當你失去至親時，會帶著沙拉跟起司通心粉到你家門前的那種姊妹
……會徹夜開車趕路，在你母親葬禮上坐在你身邊的那種姊妹
……會替你整理亡母衣物的那種姊妹
……當你因為思親哭著來電，不會掛你電話的那種姊妹

是那種……
……當你拿到診斷書，會握著你的手的那種姊妹
……在你化療過後，會開車載你回家的那種姊妹
……也會跟著削短頭髮的那種姊妹
……曾經失去母親，所以也會跟你一起哭泣的那種姊妹
……是個母親，所以也會跟著你一起哭泣的那種姊妹

是那種……
……會向你提出困難問題的那種姊妹

……不會說你想聽的，而是說你需要聽的話的那種姊妹
如果有傢伙敢對你動手，會教訓對方的那種姊妹
……會過來救你，而且不會給他機會再次動手的那種姊妹
……會寄張機票給你，好讓你逃離的那種姊妹
……會治療破碎靈魂和瘀青的心，像照料斷掉的手和黑眼圈的那種姊妹

是那種……

……會陪著你等，直到他回家的那種姊妹
……不會讓你獨自跟他對質的那種姊妹
……會陪你在法庭坐一整天的那種姊妹
……等一切結束後，不會改變對待你的方式的那種姊妹

是那種……

……當你因為流產出血而來電，會在電話另一頭禱告的那種姊妹
……當你沒來電時，會在半夜醒來禱告，能感覺你心靈在滴血的那種姊妹

……當你坐在車裡關起車庫門、點著引擎，會過來找到你的那種姊妹

……會陪你躺在地上的那種姊妹

……會把你從地上扶起來的那種姊妹

是那種……

……會穿著那件醜斃了的洋裝，但開開心心參加你婚禮的那種姊妹

……會跟你一起同慶，因為你「棒透了」的那種姊妹

……會跟你一起高歌，為你的開心而開心，你成功就是我成功的那種姊妹

是那種……

……當你搞砸了，會原諒你的那種姊妹

……會幫助你原諒你自己的那種姊妹

……不顧你缺點還是會愛你的那種姊妹

……愛你原貌的那種姊妹

是的，這就是要獻給我的姊妹們——貨真價實的姊妹們
她們知道我們所能做的、最重要的事情，
就是在身邊陪伴，姊妹們

夏麗絲．金布羅／一位住在芝加哥的作家、母親、繼母，文章散見於ESME、Divorced Moms以及For Harriet，主題圍繞在女人力量的培養、走出離婚重振旗鼓及單親母職的肩負。她的首部小說*Beyond the Broken*於二〇一三年出版，是個強而有力的故事，講述人生沒按計畫發展的議題。目前正在撰寫第二部小說。

她們知道我回老家的真正原因

珍・衛特（Jen Waite）

我現在固定會跑步，每一天。我從沒想過自己會說這樣的話。我拔腿奔跑，不是遠離過去，而是奔向未來。每天早上九點左右，我將露露放下讓她小睡一會兒，會聞一聞她甜美的嬰兒氣味。這個時間，她向來會睡上至少一個鐘頭，我就會換上慢跑裝，綁好亮橘色運動鞋的鞋帶，飛快奔出大門。我還是不清楚自己正奔向什麼，但是活動身子、流流汗、感覺肌肉拉緊和運作，感覺相當不錯。幾個月以前，我深陷混亂和憂鬱，懷孕前最緊的一件牛仔褲穿起來卻鬆垮垮。可是現在我的體重已經回升一些，皮膚也散發著夏陽般的光亮，雖然肚皮柔軟鬆弛，不如以前堅實緊繃，但我照鏡子的時候，可以看出自己前所未有的好看。因為這樣的矛盾，我的嘴唇浮現淡淡笑意。我從鏡子轉開身子，跑下樓梯，向我媽媽揮揮手，從大門走出去，然後停下腳步。我又跑進屋裡，抓起車鑰匙，喊道：「我去辦點雜事，一個小時內回來。」

四十五分鐘之後，我盯著面前的那個女人。她一頭飽滿的金色鮑伯頭，長度剛過下巴，眼睛清澈睿智。

「你覺得如何？」時髦的紅髮設計師從椅子後面問。

「很喜歡。」我說，摸摸平順的頭髮。突然間，我又回到了那間酒吧，認識馬可的第一天晚上。我想到那個用手指緊張捲著頭髮的女孩。

「你確定嗎？你看起來有點傷心。」設計師說，發出擔憂的笑聲。

「不，真的。我很喜歡，謝謝你。」我的手又回到頭髮上，輕輕一拍，「我只是想到以前髮量更多。」

「你需要改變一下，親愛的。」

「沒錯。」

今晚我餵女兒喝奶，最後她睡著了。我用手指輕戳她嘴角，好讓她的嘴能從我的乳頭上鬆開，她驚了一下，抽開身子。她睜開雙眼片刻，一隻手臂往側面一揮。突然間，我頭一次看清她，彷彿摘下了我原本沒意識到的髒汙眼鏡。「你好美喔，」我說，心懷敬畏，「我看到你了。」她有一頭淺棕的沙色頭髮，一雙最美的藍色杏眼。她對我微笑，我又說一次，「我的天，我看到你了。」過去半年來籠罩著我的悲痛薄霧一時退散。我用手指碰碰她臉頰，發出撫慰的噓聲，吻了吻她的頭頂。她的頭髮聞起來有蜂蜜和嬰兒的氣味，一時之間，她就是全世界，別無其他。我又吻了她一回，將她放進嬰兒床，屏住氣息，躡手躡腳走出房間，而房門照舊在老地方嘎吱作響。

我回到臥房後，手機在床頭上盯著我，召喚著我。我一整天都沒去查他們的帳號。不要做。不要做。可是我的手指獨立運作，不聽身體使喚，打起字並滑動頁面，微微顫抖。*他再也傷不了我了。他再也傷不了我了。我根本不在乎。*這是我告訴自己的話。他的帳號沒什麼新東西，我的腦袋幾乎沒把這點吸收進去，手指已經又按了鍵，滑向她的帳號。她的帳號正在下載頁面，我看到她貼了張新照片。恐懼、腎上腺素、焦慮、作嘔在我的胃裡攪在一起，我又點擊一次，新照片填滿了整個螢幕。然後我的目光聚焦起來，看到……她穿著我丈夫的睡衣。是前夫。是前、前、前夫，搞清楚這點，小珍。睡衣是我兩年前聖誕節買來送他的，我當時也買了同一款送我爸和我姊夫。紅綠白條紋。馬可在聖誕節那天穿了，後來不上班的時候都穿這件睡褲。我們會坐在沙發上，吃著對街的外帶中國菜，他穿著那套睡衣，我則踩著我那雙莫卡辛拖鞋。吃完油膩膩的餐點後，我會把頭靠在他裹著法蘭絨的柔軟大腿上。我的心開了一個洞。所以我明白他現在依然傷得了我。我細看那張照片時，感覺喉頭逐漸堵塞。我等待著。堵住的感覺依然在，可是我沒哭。哭也沒關係，我告訴自己。依然沒有淚水。我回到了主螢幕，點出了簡訊頁面。

「可芮拉貼了一張新照片，穿著我聖誕節送馬可的睡衣，可是我沒有哭。」

小奈回覆：「不會吧，他們的混帳沒極限嗎？看起來是，完全沒極限？不過，你這樣有進步喔。但是，哭也沒關係的。」

「我知道，可是我必須停下來別再去看。我這樣只是在自己的傷口上灑鹽。我必須改變自己的行為模式。」

是的，有進步了。突然看到丈夫的女朋友穿著我送他的睡衣，沒哭出來，是朝正確方向邁進一步。我大笑一聲，閉上雙眼。

我推著露露的娃娃車，穿過塔吉特百貨的走道。我媽和她姊姊，也就是我阿姨茱麗亞，會來跟我會合，然後一起購物。我提早幾分鐘到，慢慢逛著一排排的衣服，將巨大空盪的店面盡收眼底。在紐約住了九年，我還是不習慣在公共場所能擁有個人空間，現在我大剌剌地享受著郊區的消費型態。

「噢看，瑪格，我看到她們了！」我聽到阿姨的熟悉嗓音從店門口傳到衣服貨架，我正拿著一件條紋背心上衣，貼在身上比大小。回老家的真正原因，她是最早知道的幾個人之一。整整一個月，爸媽一直避而不問我和露露為何回緬因州待這麼久。阿姨在三月底過來喝咖啡配甜甜圈，那時我抱著露露坐在餐桌桌首的椅子上，緊張地挑著眼前的甜甜圈。「茱麗亞阿姨，我有事情跟你說，」我說，嚥下喉嚨堵堵的感覺，「我帶著露露回老家，真正的原因是，生下露露幾週後，我發現馬可外遇了，我在弄清楚該怎麼辦以前，先搬回家來。」我盯著自己的咖啡，抬起頭的時候，阿姨的臉脹成亮紅色，淚水淌下她的鼻子和臉頰，整個人陷進椅子裡，有好幾分鐘只能說出「什麼？」一次又一次。我看到她在哭的時候，也放任自己哭出來——激動地醜哭。然後我媽也哭了起來，摟住我阿姨。

「可是你幾個月前才辦婚禮，」阿姨終於開口，「我不懂。」

「在這方面我們運氣都不好。」我掛著淺笑說，用餐巾抹去淚水。我解釋了電子郵件、個性上的轉變、他的麻木無感與企圖自殺。

先前我完全忘記表哥路克還是嬰兒時，阿姨那個會施暴的丈夫，有天捲走他們所有存款後消失不見，再也沒回來。幾年後，她改嫁現在的姨丈山姆，家族中的每個人都將她故事的第一部分埋在深深的洞裡，往上頭疊了二十年的新回憶。她告訴我，接下來幾年會有多艱難，可是我不會有事的。「你必須為你原本以為會擁有的家庭和未來哀慟。然後你必須走過一個完整的循環，包括假期、生日、各種季節，然後才能真正不再感受到那赤裸裸的痛苦。即使到了那時，所有的『第一次』還是很艱難，她第一次睡在嬰兒床裡、她說出口的第一個字、她第一次走路。可是某一天，你會醒來，然後很高興發生了這件事，而且在她還是新生兒的時候發生。如果這是他的真面目，你以後會明白，沒有馬可，你們母女的人生會好太多、太多。」

我將她的話收進心裡，儲存起來，很清楚自己總有一天會用得上。

珍．衛特／一名單身母親，與幼女住在緬因州，作品散見於Scary Mommy、Upworthy、Romper、HuffPost。本文取自*A Beautiful, Terrible Thing: A Memoir of Marriage and Betrayal*，一本講述精神病與創傷後茁壯成長的回憶錄。

一定有些人，我們可以在他們當中坐下來哭泣，而依然可以算是戰士。

——美國詩人亞卓安·芮曲（Adrienne Rich）

在沒男人的狀況下，養大一個男孩

凱薩琳・拉辛諾（Kathleen Laccinole）

我是單身母親。我們當中有百分之五十的人都是。我有個兒子。我們當中有百分之四十九・二的人都是。他出生的時候，我正身陷窘境。

孕期的第九個月，寶寶的父親已經一腳踏出家門，另一隻腳跟在後頭。育兒這件事，我顯然得自己一肩扛起。

在我的《我愛露西》（*I Love Lucy*，暫譯）*幻想裡，其他事情一概沒實現，我決定要做一件我能力所及、相當老派的事情，那就是等著查驗寶寶的性別。但我內心深處相信著，蜷縮在我體內的是個女孩，手指抹了指甲油，還穿著粉紅緊身褲，戴著頭飾。

我將嬰兒房漆成柔黃色，也在牆上畫了一棵無性別的蘋果樹。我用不分性別的顏色在搖椅上印圖案，買了好些中性色調的毛毯、包屁衣、嬰兒連身服。不過，我還是在抽屜裡藏了芭蕾娃娃與荷葉邊襪子以防萬一。

時候到了。我媽、我姊和閨密握住我的手，喊著鼓勵的話，當我的寶寶——我的《踏實新人生》（*One Day At a Time*，暫譯）**幻想呱呱落地……而且長了雞雞時，她們發出喜悅的尖嗚。

這些字眼從我的嘴中滾落：「我到底該拿這個怎麼辦？」

醫師將我兒子高高抱起，讓我看看他有多完美，然後他尿了出來，從黏呼呼的雙腿間，那個堅實迷你的生殖器噴出一道尿柱。大家都哈哈大笑，醫師為了製造效果，大動作左閃右躲，就像我小時候穿著西爾斯百貨買來的藍色尼龍泳裝，奔跑著鑽過轉動不停的灑水器。

＊五〇年代的美國家庭肥皂劇，講述一個頭腦簡單的主婦圍繞在家人之間的故事。

＊＊七〇年代的美國情境喜劇，講述一位單親媽媽撫養兩名女兒的故事。

護理師做完寶寶出生的例行事項後，將兒子放入我懷裡。他小不隆咚，看起來很滑稽——寶貝，我已經愛上他了。我照著我祖父的名字替他取作「威廉」。他是我成真的夢想，而且他是個小男孩。

我到底該怎麼辦？

芭蕾娃娃與荷葉邊襪子依然收在抽屜裡，火車、牛仔和火箭那類的東西接踵而來。我用布裹起嬰兒，擁抱、餵奶，我們活在母子那種夢幻般的幸福世界裡。他依偎在我腋下入睡，頭頂聞起來像是暖烘烘、超級甜的喜樂。

可是接著三歲到來，泰迪熊出局。換成卡車、碉堡、動作公仔，以及任何可以當成禁槍的東西：紅蘿蔔、薯條、樹枝、吸管或老派的食指，配上他溼軟黏糊的嘴巴，以純熟技術製造出來的音效。

我有了個小男孩，就是需要摔角、踩泥巴、玩運動、發臭、建造、捕魚、發明，以及乘著火箭上月球的那種類型。我不會用螺絲起子。誰可以教我的男孩成為男人？

我到底該怎麼辦？

我試了水電工。他們總是修不好東西，因為我不知道怎麼挑選水電工（就像我不會挑男人一樣）。儘管如此，我兒子還是愛上他們，跟前跟後，好似一隻肚子餓的幼犬，圍著「我的第一條工具腰帶」，上頭有塑膠槌子、頹軟的量尺。可是工作總會結束，而水電工會離開，回到他們自己的兒子身邊，然後我的門依然歪斜、水槽依然堵塞、暴露的電線呼喚著我兒子的名字。

我叫來了蕾絲邊*。她們現身，渾身好聞的氣味，她們修理東西時會一邊注意我兒子的安全。她們教他怎麼用真正的鐵鎚，又該怎麼疏通堵塞的馬桶。他墜入了愛河，「我想娶琳達，可是琳達跟凱莉結婚了。」她們對他回報以愛。不過她們有陰道，就跟我一樣。

我到底該怎麼辦？

我試著在電視上找模範角色。情境喜劇《安迪．格里菲斯秀》（*The Andy Griffith Show*，暫譯）**我們每一集都追，看完以後又重看一遍。當我

*蕾絲邊（Lesbian），指女同性戀者。

**六〇年代的美國情境喜劇，講述安迪與歐比這兩位警長打擊小鎮犯罪的故事。

兒子問起性愛的時候，我問自己，安迪會跟歐比說什麼？我告訴他了，他覺得很噁心，然後我們就出門吃冰淇淋了。

我找上了預期中的對象：少棒聯盟、男童子軍、老師和教練。他失敗的時候，他們搓搓他的頭髮；他懶惰的時候，他們斥責他；他成功的時候，他們跟他擊掌。可是他只是上百萬男孩裡的一個。誰可以教他一件他媽媽做不來的事情？他可以跟誰開開男生的笑話、聊聊女生、打嗝放屁、思索宇宙？

我到底該怎麼辦？

就在那時，因為缺乏課後活動，我們晃進了當地衝浪店Val Surf。從我們推開店門開始——店裡貼滿滑雪板、滑板和衝浪板的商標——我們的人生永遠改變了。音樂放得震天價響，瀰漫著放鬆的精力，空氣聞起來有椰子味。負責銷售的一位古銅色金髮性感男人，隨性地說了「嘿，小男人」來歡迎我兒子。兒子睜大雙眼，臉上綻開笑容。我發現了一整個聚落的父親角色。

我們每週去店裡一次，在擺滿衝浪板的走道之間遊蕩，兒子摸著平滑涼爽表面上的生動設計，每一個都是不一樣的。我們對一整面牆的滑板驚嘆不已，組合變動不停，從地板延伸到天花板的傑作，這個裝置可媲美任何博物館。在室內板上練習平衡就是到店裡的重點，「我現在練習，以後就可以衝浪」，兒子說。

店員們幫我兒子選了「很酷」的短褲和滑板鞋，尺寸永遠挑得很正確。他買了第一塊滑板時，他們交代他要戴頭盔：「要注意安全，小男人。」他學習怎麼帶板起跳、腳尖翻板、輪架卡桿——在我們家車道上花了好多個鐘頭練習。

接著發生了。在我兒子十三歲生日時，這些年輕人教他怎麼衝浪。多虧有雷爾德・漢彌頓（Laird Hamilton）和凱利・史萊特（Kelly Slater）這樣的衝浪超級明星，衝浪從邊緣文化轉成了健康生活。對我兒子來說，這代表不碰毒品與酒精，且要體力、防曬、在水裡關照你的哥兒們，以及善待你媽媽。

當我兒子發現他舅舅已經衝浪一輩子的時候，每星期天早上的衝浪時光於是開場；傍晚則是烤肉、坐在多人共用的熱水浴池裡，暢談釣魚和衝浪，並細細思索宇宙。然後，兒子被送回家時，往往筋疲力盡、滿腹故事、快樂又滿足。在這群人裡面，我兒子找到了一位導師：頭髮亂竄、熱愛衝浪的環境健康博士，他教他怎麼雕塑衝浪板，並灌輸他高等教育的重要性。噢，我多麼喜愛我們從工作坊開車回家的長途旅程中，我兒子會細數當天的每個節拍、每則笑話、每字每句——那些珍貴的時刻永遠屬於我倆，透過回憶將我們永遠連結起來。

現在，他十五歲了，氣味曾經甜美的頭髮，如今散發著鹽水的味道，皮膚曬成棕色，生活滿是他敬重且照顧他的那些出色男人。就是那些曾叫他「小男人」，並教他怎麼當個成人的男人們。

十五年前，我想像自己是個疲憊厭倦、被人輕視的女人。那個時候——當我對百分之四九．二的人們失去了敬重時，我得到了我最需要的：一個男孩。為了獨力養大孩子，我必須接受他的男孩子氣、欣賞我們的差異、鼓起最大勇氣陪他一起探險，然後當他超過我能力所及的時候，將剩下的發包出去。在那個過程中，我發展出自信心——強大到足以挺身面對那個依然由我扶養、身高六呎二的魁梧孩子。這孩子現在強壯到足以在我摔斷腳的時候抱起我，修理我故障的烘衣機、用一抹笑容和一個擁抱撫平我破碎的心。

這一路的某個點上，我學習再次尊重男人，甚至欣賞他們——至少是那些值得的人。在他們的怪癖、弱點、躍動幽默裡，我可以看出多采多姿的長處，而有時候他們根本摸不清楚狀況，完全且徹底地令人氣餒。更重要的是，我可以看出我兒子未來會成為有惻隱之心、聰慧勤奮、幽默十足、願意洗碗的男人。我看到了一個重視榮譽的男人。我看到了我所認識最棒的人。

身邊沒男人的時候，要怎麼養大一個兒子？到底該怎麼辦才好？你要接受他當下的樣子。你要繼續睜開雙眼，即使很可怕，即使是在鹹鹹的海水底下。你會在意料之外的地方，找到形形色色的角色典範。有些甚至一身古銅肌膚、滿頭金髮，散發著椰子香。

凱薩琳．拉辛諾／ESME的約會資源指導，寫過多部電影與親職書籍，但最知名的是產出了備受讚許的葛瑞塔（二十歲）及威廉（十六歲）。

九月十七日

安・拉莫特（Anne Lamott）

我們不間斷地睡了六個鐘頭，現在起床餵奶。奶水弄得到處都是，我走來走去，彷彿衣服底下穿了件溼泳衣。山姆出生滿六天的時候，我帶他到馬林市的黑人小教會，我在那裡已經待了四年。我停止酗酒前一年，有天隨意晃了進去，因為那間教會就在地球上最美妙的跳蚤市場隔壁；我宿醉嚴重的時候，喜歡到那個市場晃晃。後來我養成了一種習慣：星期天會順道去那個教會，但都待在後頭，緊繃低調，在禮拜結束前趕著離開，因為我不希望別人碰我或擁抱我，或是試圖讓我的自我感覺更好。我一向信神，自然而然就跟他們一起敬拜、唱詩歌。等我酒醒，自我感覺不錯時，就可以留到最後，接受教友的擁抱。現在，我會出席並坐在大門附近，每個人都必須給我一個巨大的擁抱——彷彿是通過邊界崗哨似的。我曾經問我的好友比爾．藍金，他是否真的相信奇蹟，他說我只需要記住過往人生的樣子，以及目前人生的樣子就好。他說，他認為我應該把自己的名字改成「展品A」。

總之，山姆出生後的第一個星期日，我微微跛著腳走進去，佩格陪在我身邊。我抱著山姆，她捧著我的充氣免痔小坐墊。大家都盯著我們看，歡天喜地，近乎心碎，因為他們愛我們如此之深。我就像一艘即將沉沒的船，走到後頭的座位。可是牧師說，喔、喔，別急——你先過來這邊，介紹寶寶給他的新家庭。於是我跛著走到小小的祭壇那裡，就在繞成半圈的折疊椅前方，我們坐在那裡，然後轉身面對大家。那種痛苦和喜樂令人難以招架。我支支吾吾「這是我兒子」，可是我嘴唇在顫抖，整張臉在發抖，而每個人都在哭。頭一次來到這間教會時，我連站著唱一半的詩歌都沒辦法，我因為古柯鹼和酒精，腦袋七葷八素，可是這些人卻搞不清楚狀況，以為我是上帝的孩子。如今他們看到我戒癮三年，看著我熬過孕期。會眾當中只有一個（白人）男性問我父親是誰。到我孕期後段時，大家常常塞錢到我的口袋裡，雖然他們當中有不少都靠社會福利金和微薄的退休金過活。他們會悄悄湊過來，塞張二十美金到我毛衣口袋，然後快步離開。

總之，我向大家介紹完山姆後，在免痔椅墊上坐下，跟佩格一起在前排，真正投入了教會禮拜。寶寶在懷裡熟睡，在為了第一首詩歌站起來的時候，我覺得自己非常大人——老天，我真的為人母了——卻發現免痔坐墊黏在我的屁股上，而母乳湧出了胸脯。我單手抱嬰兒的動作還不夠穩，所以我把他摟在懷裡，無法鬆手將免痔墊拉開。所以我站在那裡，身子微微往前傾，放聲高歌，屁股往外撅，上頭卡了個塑膠免痔坐墊。

安・拉莫特／著有多本《紐約時報》暢銷書，包括*Some Assembly Required*、*Bird by Bird*、*Operating Instructions*，不一而足。曾獲頒古根漢獎助金，並且被列入加州名人堂。最近一本散文集*Almost Everything: Notes on Hope*於二〇一八年出版。本文取自*Operating Instructions: A Journal of My Son's First Year*，本書細述她兒子出生第一年的單親媽媽之旅。

禱詞

凱恰．開普斯（Keetje Kuipers）

也許身為孩子，你長了水痘，
母親為了在你高燒的時候安慰你，
或是哄你入睡，來到你房間，
讀點你最愛的書給你聽，
《夏綠蒂的網》或《草原上的小屋》
她輕聲對你唸著長長的故事，
直到你的雙眼變成了磁鐵，將你的眼皮
像百葉窗似地關起來，她看到你的呼吸放慢。

然後她繼續朗讀，這一次不出聲，只是對著自己唸，
不是因為她不知道這個故事，
而是她覺得不曾有個時刻，
她不熟知這個故事——年輕女孩
和她的善心，年輕女孩在她鋪了草皮的房子裡——
而是因為她還不想離開你身邊
雖然她知道她沒辦法再為你多做什麼。
而你，不是睡著，只是單純虛弱無力，
聽著她翻動書頁，依然感覺
檯燈烘得她一側臉頰暖暖的，知道搖椅影子
滑過你胸口時的形狀。所以現在，多年之後，
當你被牢牢拴在潮溼的醫院病床上，
或是簽署表示你不會再愛他的文件，
你在兒子的墓地彎折身子，或是戰爭陰影籠罩著你，
讓你舉著上膛的槍醒來，你會想相信

這樣的寬宏大量也來自上帝，
當你有力氣提問時，上帝可能
會再說起那個故事，就像你母親會做的那樣，
從你們兩人之前停下的地方開始說起。

凱恰．開普斯／著有三本詩集：包括榮獲A. Poulin, Jr. Poetry Prize獎的*Beautiful in the Mouth*、*The Keys to the Jail*以及最近的*All Its Charms*。詩作、散文和短篇故事曾刊登於*Best American Poetry*、*Narrative*、*American Poetry Review*、*Orion*、*Prairie Schooner*、*The Writer's Almanac*以及美國詩人學院一日一詩系列。凱恰與她妻子和女兒住在薩利希海的一座島上，她是西雅圖Hugo House社區寫作中心的教職員，也是*Poetry Northwest*的資深編輯。

教父

瑪歌．凱斯樂（Margot Kessler）

「他會來的，」女兒說，「他傳簡訊給我，說他從機場過來了。」

雨停了，女兒選來慶祝畢業晚餐的餐廳，後方有哈德遜河流經而過，在傍晚的陽光中熠熠生輝。我們在等他的時候拍了全家福。

「他老是遲到，」她姊姊解釋給其他等待的客人聽，「我們為他命名了一個時區。」她們對自己的教父瞭若指掌。錯過她們的大學畢業慶祝會？絕對不會。打從姊妹倆的記憶所及，我親愛的朋友彼得就會來參加芭蕾表演和交響音樂會、學校開放參觀日、家長日、畢業派對和生日派對。

我和彼得現在的年紀，就是我父親多年前初次見到彼得的歲數。彼得在大學暑假的時候，會開著他父親老舊的敞篷車載我去聽演唱會。「他為什麼過來？」我母親會喃喃地說，「你又不跟他約會，找他當伴有什麼意義？」

「他是我的好友。」我跟我拘謹的母親說。當時我不知道他會變成這樣的莫逆之交。我們年輕一點的時候對自己許過承諾，以為知道自己要往哪個方向走，而我們鮮少是對的。我和彼得曾告訴自己，我們的友誼會有所不同。就某些方面來說，確實如此，我們的專業生活並未重疊，但我們一直保持聯繫。他跟女友在東岸住了幾年後搬到加州，之後帶著俊美的男友來參加我的婚禮。雖然有時會感覺我們的共同點在過去，但我依然選擇他作為我孩子們的教父。

結婚幾年後，我發現丈夫酗酒成性，請彼得當時的男友、未來的伴侶——他是人生教練——來幫忙我。但就在我們計畫採取介入行動的兩週前，彼得的伴侶突然因為動脈瘤而過世。那年對我們來說都很難熬。彼得體重驟減，全心投入病患照料和醫療研究。我也掉了體重，在場面難堪的離婚過程中，專注於保護自己小孩的安全。

我們跟各自的傷痛掙扎，有一點卻恆常不變：他是我女兒的教父。雖然忙得焦頭爛額，我們還是想辦法固定聯繫——彼得總是會遲到，然後更晚趕到他排在後面的不管是什麼活動。他穿著時髦講究，以往現身時，總是穿著熨燙平整的長褲和優雅的鞋子。在我兩歲孩子堅持踩在他腳上走路、坐在他懷裡以後，他學會了穿牛仔褲和舊鞋子。

大家不懂彼得和我女兒們的連結。他為什麼列在她們學校的聯絡清單裡？為什麼他可以就這樣出現，把她們帶走，踏上一場冒險之旅？總是會有其他家長發問，問題裡暗含著不請自來的建議。他是誰？他跟我們住嗎？為什麼孩子們直呼他名字？我知道他約會的對象嗎？

彼得費盡心思，不跨越界線或試圖當家長，但他總是在。他在畢卡索展覽期間，幫我大女兒拔掉她搖搖晃晃的乳牙，我則帶她妹妹到廁所去。他帶兩個女生去買畢業舞會禮服，好幾次指導她們穿耳洞。他的讚許如同他對衣著的品味（我絕不會替我二十幾或十幾歲女兒買的衣服），總是心胸開放且精準無誤。他讓我即將成為醫學院預科的女兒，放暑假時到他實驗室工作，親自一窺醫學研究的概況。他是女兒們行動的許可單、意見的諮詢者，以及任何時刻的啦啦隊長。她們的生父通訊不規律、行蹤飄忽，往往令人失望，彼得則恆常不變，總是在場，是個獨一無二的個體。

近來，彼得到俄亥俄州的大學探訪我的小女兒，去看她的藝術裝置作品。女兒將自己的裝置概念解說給他聽，他仔細傾聽，讓她想起她八年前的第一個禮服設計。女兒的朋友們都向彼得釋出善意，他們因為終於當面見到久仰多時的人物而顯得很興奮。我女兒負責介紹時，說彼得是她的家人。我跟她教父互望一眼——當然了，我們確實是一家人沒錯。

十人餐桌已經備好，我們坐下來，在末端留了個座位。女兒望著餐廳門口。就在服務生將菜單遞給我們的時候，她教父翩翩然抵達了。「我差點趕不上，」他說，解釋著他不小心將班機訂成了下個週末，「但要是錯過我乾女兒的畢業慶祝？絕對不可能。」我女兒綻放了燦爛的笑容。

瑪歌．凱斯樂／作家、偶爾機智的評論員，以及常常雜亂無章的單飛母親，膝下有兩個小妞。對於自己的人生選擇有些遺憾，但生養孩子不在其列。

失落的女人們

露西兒・克立夫頓（Lucille Clifton）

我必須知道她們的名字
我原本會跟她們快活結伴同行
就像男人擺動著手臂
成群結隊
我原本可以加入的那些汗流浹背的女人
在一場艱難的賽事過後放鬆閒聊
哈哈大笑
對著啤酒談笑風生

我們會怎麼稱呼對方？我那一幫、
我的團隊、我那些被錯置的姊妹們，
都在哪裡？
所有原本可能認識我的女人們
她們的名字到底在哪裡？

露西兒．克立夫頓／著有多本詩集、童書、非虛構作品，一九六九年她的第一本詩集入選為《紐約時報》當年的最佳圖書之一，往後屢屢獲頒寫作獎項。她是一九七九年至一九八五年的馬里蘭州桂冠詩人，更是第一位兩部詩集同年（一九八八年）入圍普立茲獎決選名單的詩人；這兩部詩集是*Good Woman: Poems and a Memoir 1969–1980*與*Next: New Poems*。她於二〇一〇年逝世。

我們是被愛的

艾美・力弗斯（Amy Rivers）

這世界模糊成一片。

每天早上我睜開眼睛，感覺得到陰影裡的四周環境，之所以如此是因為熟悉，而不是因為看得見。我從九歲被診斷出類風溼性關節炎引發嚴重視力障礙以來，模糊是一直以來的現實狀態。小學時，我不得不移除掉水晶體，此後我就配戴隱形眼鏡至今。儘管有這樣的障礙，我學習在人生中找到機會。我努力奮戰，即使開口請求幫忙，也盡可能獨立行事。我將巴士路線背起來，提前查詢餐廳菜單，並於集會和課堂上踴躍發言。最重要的是，我學習接受我人生的原貌。

可是當我成為母親，一種由焦慮引起的新迷霧籠罩住我。早上，模模糊糊的陰影感覺更猙獰，好似那些東西會絆倒我、纏住我。我擔心我沒能力顧好自己的孩子。我倍感壓力，怕這些事情都做不好，像是對他們朗讀、開車載送他們、看溫度計或找出孩子扎到的碎片、判斷孩子是否得了鏈球菌咽喉炎或紅疹。我擔心自己會成為丈夫的負擔。

我唯一不擔心的是自己必須單打獨鬥。然而有一天，我丈夫卻告訴我說，他要離開了。

身為單飛媽媽的現實，在我原本已經頗為複雜的生活上橫生了一大片枝節。我希望讓我的孩子過「正常」生活，但卻不知道該怎樣才辦得到。他們上不同學校，我又有全職工作——而且我不開車！

單飛親職的早期，我簡直左支右絀。夜裡我摘下隱形眼鏡，唯一讓我不至於接近全盲的，是一副三焦厚片眼鏡。我擔心如果夜裡出了事——火災、有人闖進來——我會守護不了我的孩子，雖然我的眼鏡垂手可得。我清醒地躺著，視線對準點了燈的走道，思緒卻是由憂慮、害怕和懷疑所組成的風暴。

我真的可以獨力辦到嗎？

我害怕如果應付不來，會有人想把孩子從我身邊帶走。在有限的能力中，我天天都感到壓力，必須證明自己，找到解決辦法，堅持不懈。有天，我兒子在朋友家不慎滑跤，結果嚴重腦震盪。等著搭車到醫院時，我千方百計要讓他保持清醒，這個過程幾乎令人難以忍受。但就像其他許多次的困境一樣，最終我們撐了過去。

眾所周知，身為單飛媽媽的你，沒有嘗試可言：做或不做而已。會找到學校的，會得到工作的，會順利跟醫生約診的。我學習放掉凡事不可能的念頭，並運用現有的資源。每天一早上班前，我母親會過來一趟，幫孩子做好上學前的準備。我們在後院架了個鞦韆組，沒辦法到公園去的時候，就可以在家玩耍。我丈夫離開後的那些年，我們倖存下來了。不，不只如此，我們還欣欣向榮，嘗試新事物，製造新回憶。像是看到我兒子在跆拳道課晉級升段、教我女兒閱讀，以及攻讀了自己的碩士學位。

歷經種種困難，我們受惠於他人的溫柔和力量，來自那些愛我們的人，甚至是那些不太認識我們的人。不只一次，我鄰居捧著一鍋自煮的雞湯現身，因為我家有人病了。當祖母過世，母親打電話來請我過去一趟時，我打了通電話給一位朋友。不一會兒，她就帶著一籃摺到一半的衣物出現在我家，並且承諾只要我需要她，要她待多久都沒問題。父親過來接我，好讓我能專心跟家人一起哀悼，不必擔心在孩子們心裡留下創傷。

我們的勝利緩和了我們的失敗，我們的高點柔和了我們的低潮。這並不容易，但因為我的社群以愛團團懷抱著我，讓我不曾覺得有何難關無法克服。我知道我人生中永遠不會有一天，不去想到我的家人、朋友、同事，甚至是伸出援手或提供安慰的陌生人。我會帶著笑容，知道我自己，以及我們，都是被愛著的。

艾美·力弗斯／成長於新墨西哥州南部，現與家人住在科羅拉多州。研究所期間專攻政治、心理學和鑑識犯罪學，她喜歡將這些主題融入個人散文和小說裡。艾美曾在*Chicken Soup for the Soul: Inspiration for Nurses*、*Novelty Bride*雜誌、Splice Today網站，以及好幾種小說選集中發表過作品。著有小說*Wallflower Blooming*、*Best Laid Plans & Other Disasters*與*All the Broken People*。

身為單身母親對我來說很適合。不過，我從朋友那裡得到無數的幫助。他們愛著我的孩子，而我的孩子也愛他們。

——美國演員艾迪・法柯（Edie Falco）

XIII

亞卓安・芮曲（Adrienne Rich）

規則破碎有如溫度計
水銀灑在圖表系統上，
我們等於在一個沒語言
沒法律的國家活動，自黎明以來
我們追著寒鴉和鷦鷯
穿越未曾探索過的峽谷
不管我們一起做什麼，都是純粹的發明
他們提供我們的地圖都已過時

多年……我們開車橫越沙漠
納悶水夠不夠讓我們撐過去
海市蜃樓化為簡單的村落
廣播上的音樂會清晰起來——
不是《玫瑰騎士》也不是《諸神黃昏》
而是一名女子詠唱古老歌曲
配上新詞，沉靜的貝斯，一把長笛
由法律之外的女人所吹奏。

亞卓安．芮曲／出版過非虛構作品及眾多詩集，包括*Tonight No Poetry Will Serve: Poems 2007–2010*、*The School Among the Ruins: Poems 2000–2004*（榮獲美國國家書評人協會獎）、*Collected Early Poems: 1950–1970*、*An Atlas of the Difficult World: Poems 1988–1991*（入圍美國國家書獎決選書單，一九七四年也曾以*Diving into the Wreck*贏得同一獎項），以及*The Dream of a Common Language*。一九九七年，她以擁有詩詞藝術的精湛技藝獲頒美國詩人學院的Wallace Stevens獎。她逝世於二〇一二年。本詩取自*Twenty-One Love Poems*。

塔勒闊

伊莎・道恩（Isa Down）

塔勒闊（Tahlequah）的寶寶活了半個鐘頭*。有些哺乳動物會隨身帶著死去的寶寶，雖非罕見，塔勒闊卻帶著寶寶踏上哀悼之旅，長達前所未有的十七天，距離多達一千英里。在充滿油汙的水域中，沒有足夠的魚類可以餵飽鯨群，更不要說是一頭哀慟中的母鯨。她賣力推著寶寶，逆海流而行，往深處潛入，將寶寶提在洶湧水濤的上方，朝著天空、光線和空氣上舉。

*二〇一八年，研究人員發現一頭名為「塔勒闊」的母虎鯨，將出生半小時就夭折的虎鯨寶寶屍體帶在身邊長達十七天。

塔勒闊疲憊飢餓，但她堅持下去。鯨群成員介入幫忙抬起寶寶，讓塔勒闊有時間重振精力，確保整個家族的存續。他們讓她休息、呼吸，一面帶著她的憂傷橫越大海。一位哀悼中的母親，得到她四周圍女性的支援。以幾位堅強的母親為例，社群讓我們得以浮在水上不至溺斃，將我們抬到表面，深深呼吸，往前推進。

在那些少數且短暫的時刻裡，我們毫不受限地漂浮著，處於無重力狀態，深沉地吸吐換氣。直到，懸在半空，我們穩步前進，輕輕地。

伊莎．道恩／住在落磯山脈的藝術家、作家和單飛媽媽。在她的創作與母職經驗中，可以看到她從大自然獲得無盡的啟發，她說：「我兒子出生後我才真正找到自我，我能得意地將自己命名為戰士母親。身為母親的同時，我依然可以創作出能夠引人共鳴的藝術和文字。」伊莎替許多親職雜誌寫作，可以到這個IG帳號（@poppyandgrayco）追蹤她的創意旅程。

所有的單身女士

珍妮佛・波葛納（Jennifer Baumgardner）

二〇〇七年夏天，我兒子史庫力即將滿三歲，我早早從法哥市飛回來，以便參加珍妮和莎拉珍的派對，我的這兩個朋友正要慶祝交往五年。珍妮和莎拉珍比我年輕十歲，是史密斯學院的畢業生，她們很有自己的風格，抱持的政治觀也相當美妙。能夠參加她們的儀式，我很興奮，我覺得這種做法很冒險且勇敢。對於女兒們的性傾向，她們的家人並不總是能夠自在與平心接受。這場同志關係的慶祝會要將大家聚合起來，對我來說是一件大事。我很急著想找另類家庭組合的範例，因為我自主選擇成為單身母親已將近三年。

我原本就習慣單獨旅行，不過要是出了差錯，這個過程並不愉快。史庫力很好帶，可是沒有另一個成人可以幫忙提袋子、搞清楚錯過的轉乘，或是在顛簸的航程過後清理嘔出來的奶——這些事情發生的頻率規律得教人心煩。我們度過漫長的航程後，在炎熱的七月下午抵達甘迺迪機場。我把行李丟進史庫力的車椅與推車組合——我帶他同行的時候，都會把這個當成三輪推車一樣在機場裡用。我用一邊的臀部撐著他，步履艱難地走向停車場。我們的車子，一輛紅色本田喜美，在熱氣中熠熠發亮。這可糟了，我的心一沉，暗想著，這輛交通工具的眾多怪癖之一（從母親傳給姊姊再傳給我），就是一旦停在曝曬的太陽下就啟動不了。我將史庫力的車椅塞進大熱鍋般的後座，然後發動車子，祈禱它能好好運轉。毫無動靜。我等了兩分鐘，還是什麼都沒有。再一次——

「我們應該打電話給誰來幫忙。」史庫力從微波爐烤箱般的座位提議。他很擅長啟動我們的下一步。

我打電話給某人（也許是甘迺迪道路救援吧？），不久有個年輕人過來借電給我們。「不是電池的問題，」我說，並且希望自己事先能想到要打包零嘴和水瓶給史庫力，「這輛車在熱氣中就是發動不了，我得等到太陽下山。」

「是電池的問題，女士。」那個汽車小伙子說。又花了十分鐘進行多餘的借電，懷抱希望，繼而落空。他提議用拖吊卡車載我們到最近的修車廠。我心頭湧上一股熟悉的財務恐慌，在內心盤算了一下此次危機的花費：拖吊要六十塊美金，搭車回家要五十塊美金，誰曉得「修理」這輛車又要花多少錢（也就是讓車子降至室溫）。同時也納悶著見證珍妮和莎拉珍的忠誠，是否值得這樣一筆花費。我判定值得。我們及時回到家淋浴更衣，把史庫力放到他爸爸家過夜，然後前往那場派對。

那天晚上在布魯克林的屋頂上，我喝著酒平緩了心神，並見到莎拉珍的媽媽。曾是護理師的她，骨架壯碩，一頭閃亮金髮，穿著迷你短洋裝，渾身散發著活力。「我有兩個成年女兒，很吃驚對吧！」她以前也是單身母親，我們一邊喝酒，一邊聽著珍妮和莎拉珍為今晚挑選的iPod歌單，她要我多說點自己的人生故事。在聽完每個故事後，她都會搖搖頭並說：「自私點，小珍，你要自私點。」

我很習慣別人不請自來的人生建言，尤其是那些我認為沒什麼見地的人。有的建言我會滿懷感激地收下，像是星期天主動說要來吃晚餐，或是朋友們時時幫我尋覓二手嬰兒用具。不過有時候，我感受到的與其說是熱心，不如說是同情——我是說，我替她們當中的某些人感到難過。我有種感覺是，她們自己過著不幸的婚姻、凋萎的性生活，卻利用我來對自己的人生感覺更好。「我知道這一定很難。」這些朋友會這樣說，然後一臉同情（蹙起的眉頭、嘴唇緊閉下垂），將我窄化成刻板印象，並顧慮著：「史庫力有男性角色可以當模範嗎？他爸爸，你知道的，有沒有參與他的生活？」

事實是，真的很難。我半夜醒來，擔憂著帳單，焦慮自己一邊上班還要顧及史庫力。我會帶他去參加派對，不是因為他喜歡晚上十一點半還在大人家裡活動，而是因為不這麼做的話，我就沒有社交機會了。可是……我滿快樂的。我從來不曾覺得同時享有這麼多的愛跟獨立。

回到派對上，我試圖回應莎拉珍的媽媽。身為單身母親，我並不自私（Selfish）——「ish」這個字尾暗含著某種低俗或半調子的東西，說我是「自滿」（Self-full）還比較接近實情。這段時間絕對是我生命中最仰賴自己的時候，但同時我的生活也因為他人而變得非常豐富：克莉絲汀下班回家的路上會順道過來一趟，因為我曾說過我永遠歡迎朋友來訪，也願意接受臨時邀約前往布朗克斯動物園，因為我和史庫力不用跟其他人商量行程；還有新年前夕跟艾美和彼得共度，以及跑到吉麗安的家過夜，因為我們只需要一張床。

我注意到，所謂的「核心家庭」是個較為封閉的家，電子繞著餐桌的原子核打轉，排序方式主要根據成員的行程。在我單身女士的狀態裡，我的家是開放的。大門由我控制，而我希望人們進來，朋友和家人總是為我而現身。我姊姊潔西卡婚姻幸福，她也是個母親，對於我能得到這麼多朋友和家人的奧援，覺得詫異不已。「我想我就是不怕開口，」我說，企圖分析這種落差，「而且當然了，大家也假設我需要幫忙，這點倒是滿丟臉的。」

「有個伴侶還是需要幫忙，才丟臉吧。」潔西卡回應。

顯然，潔西卡並不屬於那種高高在上的類型，不過史庫力出生以後，獨扛親職的朋友們更吸引我。我們總是太慢載孩子到學校，總是從老師們那裡得到居高臨下的嚴厲表情。我們帶孩子到雞尾酒派對和新書發表會，因為不這麼做的話，我們就去不了。單身媽媽穿著磨損的鞋子，因為太久沒上美髮店而露出原色髮根，表面上我們變得更邋遢，實則變得更剛毅、更有動力。艾倫（男性，是榮譽單身母親）是個詩人、教授和藝術評論家，替自己和女兒蘇菲維持一個完美的家。六十幾歲的梅樂擁有國內最大的人工流產診所，從西伯利亞領養莎夏以前，白手起家的她已是百萬富翁。莉莉安娜離開波蘭，逃離會施暴的丈夫，全時工作並繼續求學，一面撫養安娜和艾力克斯。莎莉想要寶寶，但不想要那個壞男孩，所以按照自己想要的方式扶養兒子：有機食品、不碰糖、大量旅行。洛琳有三名孩子、兩位前任、三家無比成功的美髮沙龍，儘管她有閱讀障礙，卻寫了一本書。我們共享一種通用貨幣——獨立和恐懼的結合，令人振奮。獨立很寶貴，「我每星期有三個晚上要寫作」，艾倫常常這麼說；不過，是恐懼（桌上要有食物！孩子要穿衣服！保險！學費！）持續激發我們。

有些日子我覺得寂寞——想也知道，像是情人節和母親節——可是有些日子我感受到自力更生的神奇感覺。「相信自己，」愛默生（Ralph Waldo Emerson）寫過，「每顆心都能從這條鐵則獲得共鳴。」我有充足的機會學習信任自己，而機會也許正是人所需要（或可說是「必要」）的。單身親職對我來說是好的，但我發現，大家常會為單身母親的孩子覺得難過。他們假設男孩需要角色典範，女孩需要知道她們的爸爸會愛她們並保護她們。有天我走向地鐵站的時候，我跟我的包包還有娃娃車（史庫力坐在裡頭，相當笨重）正在掙扎著。我從眼角餘光看到一個少年混混走向我，姿態脅迫，表情空洞，長褲掛得低低的。他傾過身，一把抬起我的娃娃車，不發一語，直接將史庫力帶下兩段階梯直抵地鐵月臺。我結結巴巴道了謝。他直視我的雙眼，輕聲說：「我是單親媽媽帶大的，女士。」

我朋友艾美，也是單親媽媽帶大的。她三十歲的時候，朋友們替她做了本書，我們每個人各用一頁的篇幅讚美她的工作倫理、跳舞功力與慷慨大量。她母親負責的那一頁則貼了母女兩人的快照，當時艾美大約五歲，她母親是青春年少的二十多歲。攝影者在兩人後方，她母親正指著眼前的一朵花，要讓艾美看，艾美則指著上方某個她媽媽根本看不到的東西。她寫說這並不是母女倆最好看的照片，但卻是兩人關係的寫照。艾美母親為照片下了標題：「我們是個好團隊。我們是個好團隊。」

這句話她寫了兩次，逗得我笑了出來。但是看到這位強悍自信、個性陽光的朋友，讀到這些文字時哭了出來，令我相當震驚。我想艾美知道我、史庫力和所有單親媽媽懂得的事情：隸屬一個好團隊的喜樂、美麗，以及辛苦掙得的滿足感。在甘迺迪機場車子發動不了那個糟糕時刻的前幾天，我們才去過我表姊在明尼蘇達州的湖畔小屋。他們的房子裡滿是孩子，表姊和她丈夫似乎擁有迷人的關係，健全得令人嚮往。孩子們游泳、獵捕小魚、玩玩具車。離開的時間到了，史庫力撲倒在地，喊道：「不，我不要走！我屬於這裡。」

幾個星期前在艾美的家，他也有同樣的反應，當時那裡有同樣誘人的組合：快樂有趣的雙親、很酷的玩具和手足。這兩次，我都感覺冷顫竄過全身，因為他的回應也許真實無誤、有洞察力。不是說他需要雙親，而是別人家裡迴盪著某種愉悅和規律，與他對別人的認識產生共振。他自己的生活缺乏這種愉悅和規律——不然就是，以某種富含意義的方式，他三歲的自我就是覺得有發聲的必要。

對我來說，這還滿傷人的，因為我知道我跟他互為所屬，卻不屬於那裡——我希望他像我一樣相信，事情能平順運轉，我們已經算是相當幸運了；我希望他相信，我們的生活獨特且美妙。我這樣想難道只是自私在作祟？

「要自私」——這些字眼在我的腦海裡迴盪，那年夏天史庫力三歲。這是什麼意思？維持兩人組是自私的行為嗎？因為史庫力必須獨自承擔我逐漸老化的重擔？有個需要我的幼子，我還擁有愛情生活，這樣算不算自私？我可以用兩種以及更多方式來看待這件事。

可能只是巧合，但在「自私」那段對話後，我重新找回了魅力。我說魅力，意思是性層面的自我。同一個月月底，我又開始約會了，幾個星期內，我遇到一位男人，他後來會成為我第二個孩子的父親，而同一個男人（簡稱ＢＤ）之後成為我的丈夫。史庫力在我們的核心家庭裡成長茁壯，生活形態比他先前所知的更為嚴謹，也更加穩定不變。我有時會納悶，他是否記得我們先前的狀態。再過十年，他會不會懂得主動幫忙正在與娃娃車掙扎不已的某個媽媽？

「我們相處的時間沒有以前多。」史庫力有天放學走路回家時跟我說。我們手牽手，他正在跟我滔滔不絕地說著，他在名為「骨地」（Boneland）這個宇宙中的生活。「你現在常常陪BD。」

我掐掐他的手。

「還是只有我們兩個的時候，」史庫力問，「我們會睡同一張床，記得嗎？」

「確實記得，」我說，「我們是個好團隊，史庫力。」

我們是個好團隊。

珍妮佛．波葛納／一位作家、運動者、電影人、講師，她共同創辦了講者組織Soapbox, Inc.與Feminist Camp，是*Women's Review of Books*的總編輯、獨立女性主義出版公司Dottir的發行人。她製作過得獎紀錄片*I Had an Abortion*（二〇〇五），以及製作、導演*It Was Rape*（二〇一三）。來自北達科他州的法哥市，目前與丈夫、兩個兒子、兩隻阿比西尼亞貓住在紐約市。本文取自*F'em! Goo Goo, Gaga, and Some Thoughts on Balls*一書。

Chapter 3

生命裡的一天——關於生活的挑戰

A Day in the Life

你勉力使它運作。你持續下床。有時只是因為樓下有杯咖啡等著。

——美國演員蜜雪兒·威廉斯(Michelle Williams)

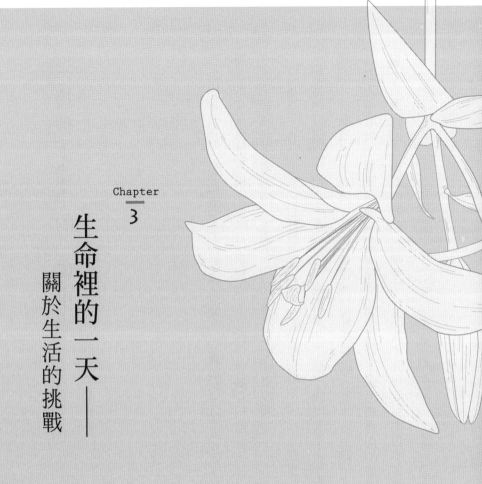

接孩子途中的一場車禍

瑪麗莎・史提芬森（Melissa Stephenson）

去年六月，星期五下午的顛峰時間，一輛福特F-250從後面追撞我，將我的車子推進平板卡車的拖車掛鉤。我記得金屬互相壓折的聲音，當時卡車正從我兒子命名為「達斯」的閃亮黑色小轎車拉開。

事後，我的朋友們說著這些話：「我真不敢相信……感謝上帝，孩子們當時沒跟你一起……你的第一輛新車？才從車廠出來十天？你的背會痛嗎？運氣真差，媽媽。」可是讓我情緒失控的，並不是車禍這件事，因為對方駕駛有不錯的保險，當場接受賠償責任；頸部和背部的隱隱痛感，也不是讓我陷入低潮的原因。畢竟不久前我才完成我有史以來最長的一次跑步——二十英里——為我的第一次馬拉松做準備，所以身體本來就不太舒服。

意外發生後，讓我下巴顫抖的——這輩子活到三十九歲頭一次，而且還是小擦撞——是意識到沒人可以幫我接孩子這件事。

手機只剩百分之十的電力，而我前四名的緊急聯絡人都出城去了，我想不出有誰可以替我到夏令營跟日托中心接孩子。我兒子那星期比平日更想念我，還要我在早餐時勾小指頭保證，我會提早半小時，也就是準時四點半接他。車禍地點距離他的營隊有兩英里，當下是四點二十五分。

我們三年前搬到這個鎮上（他們父親的故鄉），就在離婚前的幾個月。他們的爸爸會打電話來，也會付贍養費，但他住在好幾個州之外，一年只見他們幾次。而我們在這裡的唯一一家人是他的兩個姑姑，她們會帶孩子去吃晚飯，偶爾幫忙照顧一下。有這樣的幫忙，我滿心感謝，也許因為我沒什麼幫手。

我在這裡努力結交朋友，但發生車禍那一週，他們大多出門度假了，姑姑們也是。我忍不住想像，要是我受到重傷，孩子們會發生什麼事。他們會在營地和日托中心等多久，然後各自的主任才會聯絡他們父親？然而他遠在幾百英里之外，又會怎麼做？我的孩子們會有多害怕？晝長夜短的蒙大拿州夏日，斷了手腳的我要怎麼照顧孩子？

跟另外兩位駕駛一起等警察抵達的期間，我匆匆細數身為單飛媽媽一般不跟外人說的細節：孩子們的爸爸離開時，他們各為兩歲和五歲（幼小到沒辦法用智慧型手機），所以我教他們，如果「媽媽出了什麼事」，就走到對街的便利商店請人幫忙。女兒還穿著尿布時，會指著牆上的巨大地圖，一次次喊道：「我爹地在哪裡？」然後什麼答案都不肯接受。兒子則養成了一個習慣，每次他父親來訪時，看到我就會哭，因為他把我的現身跟爸爸離開聯想在一起。他在遊樂場上跟其他小孩交朋友，會跟著走到別人的爸爸那裡，然後試著坐進那個陌生男人的懷裡，儘管生性害羞。在玩耍聚會的時候，有個孩子說「我想你爸爸不會回來了」，然後我們再也不約那個孩子過來玩。女兒快三歲時，整個秋天睡夢時都在哭，而我醒著傾聽。每年十二月他們站在一旁，我掙扎著把聖誕樹拖進門口時，他們像裝飾品一樣閃閃發亮，派不上用場，一面說著「謝謝，媽媽，謝謝」。碰到節日的時候，沒人幫他們買禮物送我，於是他們超過就寢時間，偷偷製作禮物。我們獨自過那些節日，我們視為家人的那些朋友，都忙著跟他們真正的家人過節。他們父親上次來訪的時候，我兒子面帶微笑說：「現在學校的每個人都會知道，我爸爸是真的。」

我花了幾秒鐘時間，讓點燃這些時刻的恐懼流過我。它敦促我說出口的故事，比拔腿跑過二十英里的壓力，或是車禍的衝擊，都更具殺傷力。我用手機僅剩的一點電力，接到了一位單親爸爸朋友的簡訊。我知道他兒子跟我兒子在同個營隊，而我女兒的日托中心就是我們兩家兒子認識的地方，我們得救了。他幾分鐘內就接到了他們。我先一步回到家，打電話叫了披薩外送。女兒和兒子踉蹌走進我的懷抱，一整個星期份量的美勞作品塞在背包裡。他們停下來細看車子撞毀的兩端，一臉驚訝。不過，披薩的消息讓他們分心了——難得的享受，而這個故事如此迅速地從「萬一」轉到了「足夠」。因為不意外地，到最後，我們擁有的總是足夠。

那晚，夕陽西下時，我們三人依偎在床上，一起看了部電影，享受著滿滿的運氣和美善，而無法分神去想痠痛的脖子、腫脹的雙腿，或是遺落在床單間的爆米花所留下的愛之碎屑。

瑪麗莎．史提芬森／替《華盛頓郵報》、*Lit Hub*、*ZYZZYVA*、*Waxwing*、*Fourth Genre*等出版品撰文，她的回憶錄*Driven*在二〇一八年出版。與兩個孩子住在蒙大拿州的米蘇拉。

怎麼安慰一個小小孩

艾比・莫瑞（Abby Murray）

調派期間得到的親職建議拼貼

用世界地圖當成
客廳的壁紙。
用綠色圖釘
標示科羅拉多州卡森堡，
用紅色圖釘標示阿富汗坎達哈。
買穿著迷彩服、掛著兵籍名牌的

絨毛熊，
將有爸爸聲音的錄音
縫進熊寶寶的胸口
就在它心臟所在的地方。
讓他朗讀故事
或是唸誦禱詞。
在電話上講到某些字眼時
用拼的：d－e－a－d（死亡）、
m－i－s－s－i－n－g（失蹤）、w－o－u－n－d－e－d（受傷）。
做事井然有序。列出清單。
孩子們想要看到秩序，
他們必須看到你悲傷，
但不是過於悲傷。
保持忙碌。寫日記。
唱唱歌。睡得好。

做爹地娃娃，
和爹地枕頭。
如果經濟許可，
將爸爸敞開雙臂的影像
以真人大小的尺寸列印並加以裁切。
孩子們可以擁抱那些裁切的影像
和照片。
試試瑜伽。試試空手道。
打造記憶盒，
在裡面放滿觸發情感的物件，
一支舊手錶或乾淨的棉衫。
打造相框。
打造剪貼簿。
需要逐步打造的計畫
可以給孩子們一種目標感。

限制家人對新聞節目
的接觸。
預期孩子們會問起酷刑和贖金等
超齡的話題。
運用他們理解的字眼。
表達愛意。嘗試有趣的出遊：
到動物園走走，
在停車場裡看露天電影。
要歡喜。不要沉湎於問題。
閱讀寫給媽媽們的文章。
避免扛起額外的責任，
像是工作上的升遷，
調職或學校的活動。
嘗試熱可可，嘗試軟糖，嘗試口香糖。
寫簡短的信函。

請教紅十字會。
請教醫師。
要求跟校長談談。
和善解人意的女人交朋友，
那些有孩子的女人，
那些配偶好幾天沒打電話來的女人。
當你的女兒將塑膠狐狸沖下馬桶
並且說狐狸去了阿富汗時，
不要過度解讀。
打電話給水電工就是了。

艾比．莫瑞／擁有太平洋大學的藝術碩士與賓漢姆頓大學的博士學位，是*Collateral*的編輯，這本刊物關注暴力衝突和服役在戰區外所帶來的衝擊。最近一本小詩集*How to Be Married after Iraq*於二〇一八年出版，也可在*Rattle: Poets Respond*、*New Ohio Review*、*Prairie Schooner*找到她的詩作。艾比從前跟著五個姊妹由單親媽媽帶大。

身為二十歲的規則

艾芮兒・高爾（Ariel Gore）

我的女性文學教授說，我擁有語言。我可以創造新的字眼和新的故事，如果舊有的不適合我。這就是我們讓語言繼續活著的方式，她說。我喜歡她說「活著」（Alive）時，舌頭一時頂住上唇的方式。活著且蒸蒸日上。

不要盯著她的舌頭，艾芮兒。垂下視線。假裝你以為寶寶醒了。假裝你在做筆記。

舌頭碰嘴唇。

「讀讀這個，」她說，然後將兩本平裝書推過書桌：蒂莉・奧爾森（Tillie Olsen）的《沉默》（*Silences*，暫譯）與奧德雷・洛德（Audre

Lorde）的《姊妹局外人》（*Sister Outsider*，暫譯）。

身為二十歲的規則：

讓語言繼續活著。

讓寶寶持續茁壯。

不要讓自己的大腦被吸進郊區母職的商場裡。

如果只有兩個選項，永遠選擇物質貧窮，而不是心靈貧窮。

如果只有兩個選項，盡快創造出第三個選項。

加州索諾馬郡的社會福利辦公室就是個選項。

我讓寶寶在冰冷的油氈地板上玩鮮豔的塑膠環，自己忙著填寫文書資料。我在文書資料上的這裡和那裡說著謊。有些部分我其實並未說謊，只是總覺得自己在說謊。

不，除了學生貸款的學費之外，我什麼都沒領到。

我並沒有每個月從艾弗林奶奶那裡領到一百美金——紅色信封聞起

來就像帕洛瑪畢卡索香水。

不，我不知道我寶寶的父親住哪裡。

是，我有文件可以證明：這份假租約上面的地址。這份支票的影本。這張州政府發下的身分證。麻煩將我們的支票給我們就好。

在日光燈之下，女人們細讀自己的法律先修課程課本。她們威脅要修理自己正在哭泣的孩子。女人們察看手錶、察看呼叫器。她們嚼著藍色泡泡糖。她們填寫著文書資料。

外頭，男人們在車上等候。

我讀著蒂莉．奧爾森的《沉默》。

一個社工對著領先我兩個位子的母親大喊。「你騙人，」她說，然後傾身越過櫃臺，用彎曲的長指甲，指著那個女人。

我聽著，但搞不清楚那個騙人的女人撒了什麼謊被逮到。

也許她每個月也偷偷從她自己的艾弗林奶奶那裡領到一百美金。

或許外頭也有個男人在等她。

那位社工有顆銀牙一閃。「你為什麼要說謊？」

說謊的女人調整寶寶靠在她臀部上的位置，將另一個較大的孩子拉得更近。「我說謊是為了領到食物券。」

社工瞇起眼睛，搖搖頭。「你為了領到食物券，寧可說謊？」

我後面的女人吸吸牙齒。「『你不應該說謊』是該死的十誡之一？」

說謊的女人對著社工聳聳肩，「聽著，女士，」她說，食指回指著對方，「你也會為了領到食物券而說謊。如果你孩子在挨餓，你知道你也願意說謊。」

這番坦白，讓我的胸口飽漲起來。*我說謊是為了領到食物券。*

社工搖搖頭，彷彿並不知道。

她會說謊的。

那個母親搖著頭，走了開來。她將寶寶放下來，讓她在冰冷的油氈地板上玩鮮豔的塑膠圈，她重新填寫文書資料，以便回來重新排隊。

我們會學到怎麼編織別種謊言。

我前面的女人快步趕往櫃臺，但就在那時，她的學步兒大聲哭了起來，她說話輕聲細語，社工卻斥道：「你的小孩鬧脾氣，吵得我聽不見你的聲音。到隊伍後面去。」

我趕緊在瑪雅耳邊小聲說：「我們必須要很完美。」然後我們跨步向前。

艾芮兒・高爾／Alternative Press公司得獎雜誌*Hip Mama*的共同創辦人、編輯和發行人。著有多部作品，包括*The Hip Mama Survival Guide*、*The Mother Trip*，以及*The End of Eve*，細數她照料臨終母親的那些歲月；近期著作為*We Were Witches*，本文取自本書。她畢業自加州柏克萊大學米爾斯學院的新聞所，有個女兒瑪雅和兒子麥西米利恩，目前從事「艾芮兒高爾任性寫作」的線上教學。

傍晚的愧疚

克莉絲汀・羅賓・強森（Kristie Robin Johnson）

十歲的他嗓音裡的平靜
我應該引以為傲

他說他沒事，功課寫完了，
在掛掉電話以前模仿我說我愛你。

可是在這樣甜美的時刻
我總是心情苦澀

因為他形單影隻，被
沒陽光的靜寂房子所吞沒。

照顧自己
（對孩子來說是不自然的任務）

替自己削蘋果，將自己的穀片
倒進蜘蛛人碗，清洗自己的碗盤。
隨手關上門

將自己鎖在裡頭，
作為自己的盔甲、保護與和平
而我遠在八十英里外湊合著過

在一個他摸不透的城鎮。

開車回家的路上，
我大聲祈禱，這些寂寞的

黃昏時刻
不會是他對我的

唯一回憶。我祈禱
他日後會想起粉紅

葡萄柚的氣味，
在親吻我剛洗乾淨的臉

道晚安之後。我請求上帝

只讓他想起

秋天的星期六早晨
我們的呼吸形成了小小雲朵

在我倆之間，而我扣上他
下巴綁帶，綁緊他防滑鞋上的
鞋帶，送他上戰場。

讓他憶起週日晚餐
他攪拌著義大利麵
跟著火星人布魯諾一起高歌*
我則忙著將臘腸煎成深色。
充滿歡笑和幻夢。讓

那些微小、良善的時刻
在他心中湧現，不留空間給
令人心情低落的夕陽、
依然有待痊癒的瘀傷承諾。

克莉絲汀・羅賓・強森／教育家、散文家、詩人，她來自喬治亞州奧古斯塔，在喬治亞州學院和州立大學取得創意寫作的藝術碩士學位。作品曾得到Pushcart Prize與Association of Writers & Writing Programs honors的提名，並榮獲其他獎項的肯定。作品散見於*Rigorous*、*Split Lip*、ESME、*Under the Gum Tree*、*Lunch Ticket*、*riverSedge*和其他刊物與出版品。她與兩個兒子住在喬治亞州的格羅夫頓。

＊火星人布魯諾（Bruno Mars），是一名美國歌手、詞曲作家、音樂製作人和舞者，有「美國流行歌王」的美名。

我就是開車撞到你女兒的那個女人

柯特妮．克莉絲汀（Courtney Christine）

我開車的時候，常常會跟自己玩個小遊戲。對自己必須前往的地方有個大致概念後，我會關掉GPS系統，然後憑著感覺前往目的地。有點像在黑暗中，雙手沿牆摸索找到浴室那樣。你必須放慢速度，專注在每個腳步上。

關掉GPS系統的某一晚，我開車撞上了一名小女孩。

隔天早晨，我兩個小學年紀的女兒看了我一眼，便知道出了事情。如果可以避免，我並不想讓她們擔心。可是我浮腫的雙眼——夜裡哭了好久的證據——洩露了我的心情。

關於隱瞞事情不讓女兒們知道，我有過不少練習。過去一年，對於跟她們父親離婚的主要細節，我閉口不談。女兒們不知道我們為什麼借住別人家裡那麼多個晚上，或者我為何三兩下就能辦完離婚手續。多年來，火爆的衝突和羞辱的聲音一直被蓋住，因為我知道當對話走到什麼時間點就必須將門掩上，或是打開電扇來蓋過聲音。她們不知道我在各種壓抑怒氣的技巧上變得很嫻熟。

她們不知道經年累月下來，恐懼如何慢慢滲進我的骨頭，導致只要有人從我背後走來，我就會驚跳而起。她們認為那只是媽媽可愛的怪癖之一，甚至拿這件事調侃我。

我隱藏那些事情是有目的的，我想讓女兒們免於痛苦，我不希望她們的回憶受到汙染——父母曾經彼此相愛、快樂的童年。我不希望她們對自己的父親抱持負面看法，這個人是她們深愛且想要維持關係的。

女兒們知道基本的事實：她們爸爸生了病，做出差勁的選擇。她們也知道當有人開口道歉時，應該原諒對方。而她們知道她們爸爸道歉過不少次。

她們知道，她們的母親終究還是離開了。

她們生我的氣，這也情有可原。那是某種安靜的怒氣，在表面底下悶燒著。只要我將她們的馬尾綁得太高，或是跟朋友聊天聽起來太過開心，或是遲到幾分鐘到營地接她們，那種怒氣就會有如泡泡一般地冒上來。她們不相信我付出心力。她們不知道我受苦的程度是否與她們相當。既然跟她們爸爸之間的婚姻誓言我都沒遵守了，她們能相信我會信守對她們的承諾嗎？

我也會離開她們嗎？

除了感到生氣，她們也很困惑。我們曾經是個快樂的四人家庭。我們的仳離來得出其不意，是故事裡出乎意料的轉折，就像是去一趟公園回家的路上撞車一般。而坐在駕駛座的人是她們的母親。

「你為什麼在哭？」她們走進廚房的時候問。我往穀片碗裡倒牛奶，用溫水浸溼毛巾來擦臉。

我跟她們說，我去朋友家的路上，穿過兩側停滿車子的單行道。當我逐漸駛近一個停車標示，放慢速度要停下來的那一刻，我感覺到碰撞，並且聽到尖叫聲。

孩子的尖叫聲。

等我跳出車外，一個男人已經將女兒的身體抱起來走到馬路外，另一個年紀更大的女孩則在他背後狂奔。尖叫聲此起彼落——發自男人、他懷裡的小女孩、緊跟著他的那個女孩，還有我。

有人撥了九一一。其他人圍攏過來。「你必須讓她平躺在地上！」我大聲喊道，壓過其他聲音。她意識清醒，肉眼唯一可見的傷勢是眉梢上的割傷——這兩個都是好徵兆。可是我從急救課程學到，如果她的脊椎斷裂或是內出血，躺平可以避免傷勢惡化。有時候外表看來一切如常，但內在正在崩解。

最後，小女孩不再亂揮手腳，尖叫聲漸漸退去。有人通報了女孩的母親，她從對街的公寓大樓衝過來。她圍著藍色的長圍巾，用裙襬抹掉女兒臉上的鮮血和淚水。她的動作傳來料理香料的氣味。雖然她一派平靜，但我從她蹙起的眉梢察覺到恐懼。

我知道那個表情。

那個家庭講話有口音，父親似乎有部落紋面。我後來才知道，這個家庭不久前才從奈及利亞移民過來，渴望過個嶄新與更好的生活。父親當時在公園陪孩子們玩，要進屋吃晚餐的時候，五歲的艾蒂娜沒先看車就衝進街道。她埋頭衝刺，無憂無慮，幼小孩子沒理由擔心自己會碰到壞事的時候，就會這麼做。

救護車鳴笛越來越近，我從現場退到一旁——一位母親、父親和小姊姊屈身圍住他們家小寶貝的身體。我沒有更多事情可做。意識到自己弄出了什麼事，讓我的胸口更加沉重。我不希望讓他們看到我在哭。我退開來，走到街區的盡頭，用雙手掩住臉孔。

有人對新生活的快樂盼望粉碎了。都是因為我。

兩隻小小溫暖的手臂抱住我的腰際。我轉身發現艾蒂娜的姊姊仰頭看著我，棕色眼眸在亮片頭巾下含著淚。

「不要哭，女士，」她用我對女兒們在人行道上擦破膝蓋時的安撫語氣說，「你不要哭，她不會有事的。我們不會有事的。」

我不確定艾蒂娜是否不會有事。說到底，稍早前我是從車子裡感覺到她，而不是看到她。我的年歲和經驗多到無法祈求這樣的好運。可是那一刻，我將這些想法推到一旁，摟住艾蒂娜不超過十歲或十一歲的姊姊，而她也抱住我。

急救護理員用擔架將艾蒂娜推進救護車後側。她母親陪在一旁，父親和姊姊則回家去。警察說我也可以回家了，他們判斷這個事故我並沒有錯。我當時並未加速，而且我的眼睛一直盯著路面。這就是那種偶爾會發生的糟糕事情。有時候就是沒人可以怪罪。

那天晚上我夜不成眠。事發當時，我沒想到要向艾蒂娜的家人要電話號碼，這樣就可以查問她的狀況。整個地區的醫院都跟我說了同樣的話，除非我知道孩子的姓名，否則他們不能提供病患的資訊。我花了好幾個鐘頭閱讀車禍後內出血的資訊，我想知道，艾蒂娜額頭上的割傷是否表示她的腦袋受到重擊。我擔心腦傷，或更糟糕的狀況。

早餐過後，我追蹤到正式的事故報告，裡面記錄了艾蒂娜家人的電話號碼。她母親接了電話。

「真抱歉這麼早打電話來，我就是開車撞到你女兒的那個女人。我想知道她是不是還好。」

我得知了我從車上感覺到的碰撞，是後照鏡撞上艾蒂娜的臉龐。我也得知了她身體其他部位並未受到撞擊，她連腦震盪都沒有。她有瘀傷，心理受創——但她不會有事的。

那天下午，我和女兒們到塔吉特百貨一趟。我們在玩具區的走道上來回奔跑，喊著：「我打賭她會喜歡這個！」還有「我們買這個給她！」最後，我們決定買一個滿頭濃密鬈髮的嬰兒娃娃，加上一套鬃毛積木給艾蒂娜。另外挑了個超大尺寸的樂高組和美術用品要給她姊姊。還有最大盒的冰淇淋甜筒、超大包的人行道粉筆以及一張卡片，全都放進了購物車。

「哇，媽媽，」我十一歲的女兒看到塞滿東西的購物車，還有我愉快得出奇的情緒，「好像要過聖誕節。」

她說得沒錯。我平日領著營養援助計畫（SNAP）的福利金，都到慈善食物配給中心補足其餘所需的用品。我平日購物不會這樣大手筆，連在聖誕節也不會。

「這是個特別的日子，」我解釋，「也許你也想替自己挑個東西？」她雙眼一亮。女兒們丟進了一些口香糖跟更多的人行道粉筆。

我不確定艾蒂娜的家人會怎麼迎接我，我可以把我們的塔吉特購物袋直接擱在門口。可是我還是打了電話，艾蒂娜的家人按鍵開了大門讓我們上去。

艾蒂娜的父親站在樓梯平臺頂端。我注意到他的面紋、肌肉結實的手臂、寬闊的胸膛。高大魁梧的男人。

他也露出了大大的笑容，展開雙臂迎接我。「很高興你過來了，」他說，他家人從他背後走了出來，「我們好擔心你。」

互相介紹過後，我女兒們抽出一個又一個的玩具，鄭重其事地將禮物分送給個別的孩子。在某一刻，艾蒂娜的父母玩笑似地將她朝我推來。她的傷口已經開始結痂，在她右邊眉毛上方狀似深色淚滴。

就在那時，我想起那樁事故中的某件事——在震驚的狀況下，我徹底忘了自己做過的某件事。當艾蒂娜的父親抱著她衝到路邊時，我曾經試從他懷裡將她抓來。那是身為母親的衝動，受了傷的孩子們奔向她時，她會將孩子拉到胸前。

當我意識到這不是等我安慰的孩子時，我便退開來。

「我可以抱你一下嗎？」我問艾蒂娜。她父母點點頭。她聳聳肩，任我擁抱。

我們開車離開的時候，我和女兒們重溫在艾蒂娜家裡的經歷。我們談到，知道他們家的夢魘並未演化成悲劇，感覺有多麼好。事情原本可能會更糟，他們有多麼幸運。

我們有多麼幸運。

在下一個紅燈時，我調整了後照鏡。我的小女兒捧著人行道粉筆，大力咬著她那包口香糖。我大女兒的視線集中在窗戶外頭的某個東西上，她眉梢間一直存在的結鬆開了。她雙手平貼在膝蓋上，而不是像近來養成的習慣那樣，緊張兮兮地折著指關節。

彷彿，至少一時之間，她在黑暗中找到了她所需要的什麼。

我將注意力轉回馬路上。綠燈亮了。

柯特妮・克莉絲汀／養育兩個聰明、勇敢、善良的女孩，她們一起住在伊利諾州的埃文斯頓。她在驚恐不安中，於二〇一七年踏上了單飛媽媽的旅程。此後她重拾寫作、學習彈奏烏克麗麗，並申請攻讀社工碩士。女兒的愛給了她動力，她們的每一步都鼓舞著她。她的部落格網址是：medium.com/@courtneychristine。

當你扮白臉的時候，沒人來扮黑臉；當你扮黑臉的時候，則沒人來扮白臉。你就像你家裡的全部警力。

——美國記者凱蒂·庫里克（Katie Couric）

新生兒加護病房之後的人生

莎拉・奈特（Sarah Netter）

我在半夜接到電話：我的寶寶經過緊急剖腹產，提前十一個星期呱呱落地。我因為恐懼而幾近癱瘓。將近三個月來，我一直透過電子郵件和電話，從紐約跟他的生母保持聯繫，她住在密西西比的鄉間。我對她寄來的每張超音波照片感到驚奇不已。頭一次聽見他心跳的時候，我雙眼泛淚。我已經安排好，再過幾星期就要南下飛到密西西比，參與另一次的超音波檢查。我以為自己還有時間，甚至好幾個月，可以為了成為人母而做預備。

我卻透過這通電話得知，他生母面臨生命危險，附近醫院的醫師正準備接生，好能拯救兩人的性命。

我訂了最早的班機：凌晨五點五十五分。

自主選擇成為單身母親的人越來越多，兩年前，我決定加入她們的行列。我知道領養往往有許多波折——而我擔心過程中每個可能會有的顛簸。然而兩磅八盎司重的早產兒並不在其中。

可是事情就是發生了：在我，與小得不可思議、病況嚴重的嬰兒，以及他的生母身上——她剛歷經人生中最駭人也最令人心碎的一次磨難。

我兒子在新生兒加護病房住了整整七十三天，為我帶來了一波波的愛意和純然的喜悅，有時卻又令我墜入恐懼的深淵，以及粗蠻似的、起伏不定的焦慮感。我看著寶貝孩子的氧氣指數降到危險的地步，護理師徒手將空氣灌入他軟趴趴的身軀。我為他清澈的肺部X光而歡欣鼓舞，兩天後，卻又被他灌滿液體、看起來一片慘白的肺囊而備受打擊。他學會吸奶瓶時，我出聲歡呼，但當他因為呼吸系統無法同時應付飲食和呼吸時，我的肩膀又垮了下來。我即使在睡夢中也會聽到他的監測器發出鐺鐺警報響——如果我運氣好到可以睡點覺。接著出院日到了，我真是百感交集。

我不想太早替我兒子買嬰兒用品，免得觸霉頭，所以我手頭上什麼都沒有。此刻我在塔吉特百貨裡高速衝刺，只要看到稍微派得上用場的東西就抓起來，包括急救箱，因為考慮到兒子居家的醫療設備，想到這點就令人失笑。

我抬著還包覆塑膠膜的嬰兒車椅，走進新生兒加護病房，將我兒子扣進去。在磅秤上量出六磅多的體重，臉頰透著玫瑰色，他正學習怎麼對我微笑——健康寶寶的樣貌。想到要帶他回家，我就興奮又害怕得直發抖。沒有監測螢幕和生命徵象檢查可以向我保證他很健康，我要怎麼養育這個寶寶？我成了稱職的新生兒加護病房媽媽，可是出了醫院的無菌牆壁後，我會成為什麼樣的媽媽？

答案即將揭曉。我簽了必要的文書資料，拿到一張收據（是的，我真的拿到一張寫著「收到嬰兒」的單據），經過一場盛大的送別會後，其中包括來自醫生和護理師團隊（他們照顧我們前後兩個半月）致贈的花束、甜食與擁抱，我們相偕離開了醫院。

我兒子在新生兒加護病房的專科護理師安卓亞，陪同我們前往長期下榻的旅館，我和兒子可以在那裡展開共同生活，等到法院發下旅行文件後，我們才能回家。安卓亞離開時，寶寶熟睡著，依然固定在嬰兒車椅裡，放在旅館房間的地板上。我坐在附近盯著他，用念力要他別醒來，直到我弄清楚自己接下來該做什麼。

雖然這時他已將近三個月大，但他的身形大小還是有如剛出子宮的新生兒，美麗無瑕。他沒顯露出一絲自己經歷過的波折，雖然他回「家」的時候，身上還掛著監測器。若是心跳或呼吸頻率降到危險值的時候，監測器就會發出警訊，這是他還沒改掉的壞習慣。我再三檢查監測器，有沒有好好貼在他胸口的正確部位上？是不是太緊？會不會不夠緊？

我在旅館房間裡來回踱步，好似困在籠子裡的女人。可是籠子裡正是我想置身的地方。在籠子裡，我就能夠保護他。

過去三天來，我沒睡幾個鐘頭，想著兒子頭一天離開新生兒加護病房一定疲憊不堪。所以等太陽一下山，我便替他換上連身服與乾淨的尿布，然後餵他喝奶。我們一直互相發出輕柔低語。我以為母職就該是這樣子。他看著我，彷彿我懂得該怎麼做。我再三檢查監測器，然後將他放平。

他立刻睡了一小時半，可是接下來的晚上時間，就是以半小時為單位的錯誤嘗試——打開吊扇，以避免嬰兒猝死症；打開暖氣，彌補吊扇製造出來的風洞；準備一瓶瓶的配方奶，再濺出一瓶瓶的配方奶；嘗試新的睡覺姿勢；無止境地玩著一輪輪的「找到奶嘴，弄丟奶嘴」遊戲。到了早上七點，他終於在我懷裡睡著。

接下來的十二個小時一片模糊。新生兒加護病房的護理師每隔幾小時就輪班來到旅館。他們帶來食物、擁抱、禮物，幫忙洗衣與烘衣。我試著補眠一下的時候，有一位還幫忙看顧寶寶，但我只是輾轉反側，擔憂不已。我要怎麼弄懂養育孩子的事情？

我兒子好好的，我自己則是一團糟。

為了讓我休息一下，那天晚上安卓亞堅持留下來陪我，她自己的家人只能自求多福。她有個孩子曾經是早產兒，所以她知道我所不知道的：只要能好好睡六個鐘頭，就可以發揮很大的作用。隔天，經過良好的快速動眼期循環，新的觀點隨之浮現，讓我打起了精神。

我萬萬沒料到，對我兒子來說，要適應醫院外面的生活是那麼的困難。他人生的頭兩個半月，夜裡排滿了體重檢查、抽血、燦亮的燈、警報聲——全是新生兒加護病房的場景。他不曾在陰暗安靜的房間入睡。他也習慣了他的保溫箱——他自己的迷你公寓，他在裡頭裹著布巾，安全無虞，常常為了讓他呼吸更輕鬆而趴著。那些事情在新生兒加護病房說得過去，可是在現實生活中，他必須學習仰躺著睡。接下來幾天，我和兒子終於找出了自己的節奏，然後輕輕鬆鬆照著那個節奏生活。新生兒加護病房的護理師持續前來探望我們，不是以照護者，而是以朋友的身分。

我培養出新的能力，讓我們母子倆能撐過夜晚，然後漸漸大膽起來，我開始帶他到旅館周邊散步，他人生中頭一次有陽光灑在他臉上。接著我變得更大膽，帶他開車逛逛。雖然只是沿著馬路行駛兩英里，到溫蒂連鎖速食店買個熱湯和沙拉，但我以我們兩人為榮。

短暫郊遊時，我兒子的眼睛會四處閃動，將每個新的景象看進眼裡，然後把焦點放在我身上——他短短人生的一個常數。接著他會露出笑容。

在旅館住了十天後，我們取得了許可證，可以回到紐約的家。隨著時間過去，我持續擺脫掉恐懼和焦慮，逐漸喜歡上他原本的樣子：快樂健康的男寶寶，我兒子。

莎拉・奈特／ESME的領養資源指導，自主選擇獨自扶養一個美妙的小男孩、一隻神經兮兮的義大利灰獵犬，以及兩隻小西班牙灰犬。她是全職記者，作品散見於《紐約時報》、《華盛頓郵報》、《ABC新聞》。

身為難民的人生

法莉哈・哈山（Faleeha Hassan）

當我的名字被列進死亡名單，刊登於報紙和網路上時，我便從伊拉克逃往土耳其的埃斯基謝希爾。一個月後，我搬到阿菲永卡拉希薩爾，那裡的房租比較合理。可是這座山城的冬天相當酷寒，每到下午三點，氣溫就會降至零度以下，冷到露天市場攤販的水果和蔬菜會結凍。

我在土耳其停留的期間，講英文或阿拉伯文的土耳其人，我一個也沒碰見，不過倒是認識了一名土耳其語相當流利的伊拉克小孩。在前往政府機關的時候，我以適當的費用雇她擔任口譯，但即使有這樣的協助，要讓我的孩子註冊就學還是不容易。校長拒絕讓他們入學就讀，因為他們不懂土耳其文。於是我向教育主管申訴。當他問我為什麼要送孩子上學，我答說：「免得他們受凍啊！」他態度就軟化了。

那真的就是我讓孩子註冊入學的原因。我們公寓冷到令人難以忍受，學校不一樣，他們在那裡可以獲得保暖。雖然我買了燃煤的暖氣機，可是怎樣都沒辦法讓它好好運作。煤煙會灌滿整個公寓，點燃煤爐的時候，我們幾乎要窒息。晚上我們會穿毛襪、戴毛帽，套上內搭褲，偶爾還戴連指手套，一起窩在四條毛毯下睡覺。

那間公寓的問題不只是寒冷而已。我們的女房東囂張跋扈，她曾控告自己先生偷竊，送他去坐牢。她將自家房子隔成四間小公寓，她跟年少的女兒以及鍊在門口的大狗住在最好的那間。每個月我付房租的時候，她都會跟我要額外的錢——她永遠不會償還的借貸。我拒絕的時候，她會大發脾氣，扯高嗓門說話，我聽也聽不懂。彷彿這樣還不夠似的，她會搶走我們費用較少的水電帳單，把她更高昂的帳單留給我們去付，並堅持較低額的帳單是她的。有天早上，我和孩子被十字鎬敲打的沉重聲音吵醒。我打開門，驚訝地發現外頭有三個工人。女房東雇他們來拆除通往我們住處的階梯。我憤慨不已，聯絡警察，並打電話給那名小孩口譯，請她解釋我的困境給警察聽。女房東說隔天早晨會把新階梯搭好，警察並未採取任何行動，我和孩子整整三天被困在住所裡。那幾天我會列出購物清單給伊拉克裔鄰居，把單子和一些錢放進籃子裡，用繩子垂吊下去給她。

說到購物，在山上，每逢週日都有露天市集。購物就像爬山一樣。有一天，我的腳不慎打滑，整個人沿著山坡往下滾了好遠。大家用木頭擔架把我抬回家，我有兩個星期沒辦法四處走動。我養病期間，兒子阿瑪德從同學那裡感染了德國麻疹。醫生開的藥要八十里拉，當時換算起來是八十美金——比起食物和房租的費用，這筆金額高得嚇人。比方說，鮮魚可能是五里拉，而我們公寓的月租只要大約兩百五十里拉。但我還是得替兒子買藥，雖然那表示有一段時間我得吃麵包配開水為生。要不然還能怎麼辦？

害怕、焦慮、寂寞，我的心理狀態每況愈下。我開始夜不成眠。如果真的睡著，兩、三個小時後就會因為做惡夢，汗流浹背地醒來，夢見有男人企圖殺我，或炸掉我置身的空間。我問負責伊拉克難民的機構，有沒有精神科醫師可以治療我。一個月後，有個職員聯絡我，告訴我隔週的星期五，有一位土耳其精神科女醫師可以在機構替我看診。

到了那天，我發現那位醫師正在等我，身邊有伊拉克翻譯陪同。她問我一些醫療上的問題，我誠實告訴她我日常的難處。她只是勸我要融入其他人、讀可蘭經、圍藍色頭巾。我納悶著：「這位醫師治療過真正生病的人嗎？」除了向她道謝，然後離開，我還能怎麼辦？我確實遵循那位醫生的提議，嘗試多多社交。我開始帶孩子到大型公園，可是當土耳其人看到我們，就會嘲弄我和孩子，因為我們的膚色比他們深。於是我坐在公園遠處的角落，遠離那些成人，看著孩子們玩耍。

最後，我的經驗和失眠激發我寫了一本中篇小說《我恨我的城市》（*I Hate My City*，暫譯）。有位朋友提議並幫忙投稿給一家在阿爾比的伊拉克出版公司，那個出版商同意印製發行這本小說。三個月後，我得知這本書已經發行，會在阿爾比的國際書展上展示。在我的祖國，我有「伊拉克的瑪雅．安吉羅（Maya Angelou）*」這個稱號。我的詩集觸怒了政治對手，這就是我和孩子出走的原因。可是我在土耳其從來不曾覺得自在，因為我在這裡跟敵人並未隔開安全的距離。於是我開始問旅居土耳其的伊拉克同胞，關於遠赴異國的可能性。他們告訴我，我必須向聯合國在安卡拉的辦事處登記。

我和孩子們搭公車前往安卡拉。抵達聯合國辦公室時，我們跟著在門外等候入場的人群一起排隊。我們終於進到大廳，那裡有另一批來自世界各地的人群。登記完之後，一位聯合國官員問我們為何要申請人道難民身分。我重述了我個人的災難史，這是三場類似面談的第一場。最後，我和孩子被分配遷往美國。我們完成了入境面談，參加了為期三天的工作坊，包括身體檢查，確保我們沒有傳染病或慢性病。

因為我在美國沒有家人，天主教慈善機構的一位代表在紐澤西迎接我們。凱西太太是該機構的主管，替我們在格洛斯特找了間公寓，預付了三個月的房租。但我們有些新鄰居還沒準備好要歡迎阿拉伯穆斯林。

住在一樓的女人開始每天騷擾我和孩子。她會把電視的音量轉大，就這樣連續一整夜。早上六點，她會玩幼稚的惡作劇，就是亂按我們家門鈴。她會把丈夫的舉重用品丟在地上，讓我們的公寓震盪不已。當我發現她用手機偷拍我孩子的照片後，我很害怕，於是向公寓大樓管理人投訴。管理人遏止不了這種騷擾行徑，於是我聯絡了警方。折磨我的人告訴警官，她丈夫被派到伊拉克打仗，因為我們是伊拉克人，所以我們活該被殺。警察只是露出笑容。我不得不搬到另一間遠離她的公寓去。

即使到了新家，身為包著頭巾的穆斯林女性，在美國生活依然不容易。不少人對我和我孩子一無所知，就斷定我們是恐怖份子。他們對伊斯蘭的認識，來自某些媒體在節目裡天天放送的扭曲描繪。我真希望他們可以明白，我們都是人。那才是最重要的。

法莉哈．哈山／一位詩人、教師、編輯、作家、劇作家，一九六七年出生於伊拉克的納傑夫，現居美國。她是伊拉克第一位為兒童出版詩作的女性，出版過二十本書，她的詩作翻譯成許多語言。她因為詩作和短篇故事，在伊拉克和中東各地獲頒眾多獎項。本文由威廉．M．哈金斯（William M. Hutchins）翻譯成英文版。

＊瑪雅．安吉羅是美國作家、詩人、教師、舞蹈家和導演，更是一名積極投身反對種族歧視與爭取民權的運動家，曾一同參與馬丁．路德所領導的民權運動。

菜鳥

珍努艾瑞・吉爾・歐奈（January Gill O'Neil）

燈火通明的美國
在哈利球場。
霧氣翻騰湧來
國旗皺起、披垂

在一根金屬桿子上。
我兒子伸手入空
投下終結比賽的一球，

他的皮手套裡擒住一枚炸彈。
他掐了掐那顆球
繼而從外野往內一投，

扯扯亂髮上的球帽後
前去與團隊會合——
所有主要的球員們
在本壘排排站好
眾人紛紛擊掌與握手。
他們正在學習運動精神，

他們在選手休息處的歡呼
只被吐在一壘線那裡的
葵花子殼打斷。

教練拉拉雜雜強調著
盜壘和有價值的出局
有多麼重要

有個隊員對著我兒子的爆炸頭，
開了個玩笑，然後說，
可是你其實不算是黑人……

有人聽了哈哈笑，
他只是笑而不語，
這點正表示

有些話並未說出口，起初是無傷大雅
的笑話，像一記易接殺的飛球

成為慣例。

可是這是小聯盟。

是他學習

如何堅守崗位的地方，

如何在縫隙裡

將棒球打到內外野之間——

在那個不可思議的位置裡

他永遠都必須認真防守。

珍努艾瑞・吉爾・歐奈／出生於維吉尼亞州的諾福克，老道明大學畢業，並取得紐約大學藝術碩士學位。著有*Misery Islands*（獲頒二〇一五年的Paterson Award for Literary Excellence文學獎）與*Underlife*。她曾經得到Cave Canem與Barbara Deming Memorial Fund的獎助金。身為麻州詩歌節的執行長，珍努艾瑞也在作家暨寫作課程協會的董事會服務，並於塞勒姆州立大學教書。現居麻州比佛利。

這是你的生活

芬恩．卡佩拉（Fern Capella）

這是你的生活，你凌晨五點在夢境中，雙臂空空往前狂奔，然後你在尖銳的哭啼聲中醒來，你以為自己可能跳上了列車，可是接著感覺身邊的床上有個暖暖的東西，接著你想起來：

你三個星期前生了個寶寶。

他正在哭，於是你伸過手去安撫你珍愛的寶寶，將他拉到你身上，當你這麼做的時候，他的尿布鬆脫開來灑得你一身都是糞便，於是你鼓起勇氣站起來清理，於是在你渾身赤條條的時候，你爸媽穿過你房間，正要去喝咖啡，面帶笑容向你道聲「早安」，因為：

你二十一歲，單身。

而你就住在他們家客廳。可是為時不會太久因為他們的下個問題是「你覺得你什麼時候能夠搬出去？」而你想的是「我什麼時候能夠移動我的身體？」但你露出勇敢的笑容並說「可能下個星期吧。」他們離開了，於是你可以呼吸，而呼吸是為了寶寶——那個你再次想起並檢查是否安好的寶寶，因為：

呼吸是如此脆弱的東西。

然後你扯痛了縫合的地方，你無法想像這種痛楚何時會結束，但話說回來除了這個你稱為兒子的神奇生命，你也無法想像任何其他的開始，而且

〈你是我的陽光〉(You Are My Sunshine)那首蠢歌讓你昨天在寶寶的兒科醫師面前崩潰痛哭,因為你想到了歌曲的第二個部分——當陽光被帶走——而你暗想「我怎麼能夠接受?」然後你完全明白身為母親的恐懼。

那些四處可見的可憐母親們。

不過說真的你可以哭一整天,而誰有那個時間?因為你現在是個母親了,在這場對你身體不利的戰爭裡你三頓重的乳頭是最不可能遭到攻擊的地方,你在淋浴的時候,一手握著一邊乳房,一面把腦袋或屁股探出去,唱首瘋狂的歌曲給你的寶寶聽,關於一些也許有時能他媽的遠離某人讓自己喘息一下的內容。

像是他父親,那個爛人。

你母親聽到你這麼說的時候大為驚恐,而你對自己心生嫌惡,發誓只要寶寶懂得你在說什麼，你就永遠不再提起那人的名字，不過寶寶用美麗的方式審視你，似乎一直心知肚明，而你的心重重落地。

你愛他有如愛你舌頭底下的藍寶石。

寶寶的生父來電說他想起自己當初為何跟你生了個寶寶，說如果你讓他再做一個寶寶他就可能愛你，而你心想你除了守住這個在你體內成形的奇蹟之外沒有其他事情可做，而這個某晚跟人亂搞的混帳肯定也沒事可做，於是你謝謝他贈予的微小禮物（百億精子裡的一個），湊巧做出了你所見過最漂亮的寶寶，掛掉電話的時候心想：

現在大概就是我跟上帝之間的對決了。

於是你從內心深處汲取能量，因為你明白自己不會希望上帝給你任何喘息的機會，然後你替自己和寶寶打扮好出門上店家去，在結帳的時候從狀似無止境的茫然中醒來，發現店員正摟著你哇哇哭啼的寶寶，且深藍色制服上沾了嘔吐物，你抖著手指簽下空頭支票，排在你後面的女士急著想知道你的皮膚為什麼比白色還要白，就像洗衣精混了漂白劑，而你的寶寶看起來卻像剛從大海被救起的古巴難民，你惡狠狠說，「想看我的妊娠紋嗎？」因為：

他只可能是你的寶寶。

想到用別種方式來處理就讓你覺得噁心欲吐，雖然看起來是更好的選擇，有如你母親後來提到的「考慮讓人領養，永遠不嫌遲」，而你告訴她「考慮自殺，也永遠不嫌遲」，然後一切就甜甜蜜蜜。如果你可以跟你的寶寶放空一下好好休息，你或許能把局勢看得清楚些，可是當你們融為一體時，你卻被一通電話打斷，是你膝下無子的同志好友撥來的，他晚點想跟你和「它」（寶寶）一起出門，可是他覺得緊張，因為怕大家會誤以為他就是生父，因為這可憐的小鬼沒有父親，而——

那就是單飛母親的詛咒。

你永遠任人侮辱，而莫名地你總是強悍到足以承受這一點，而且——

那就是單飛母親的福分。

一直到很後來你有時間寫下這些東西，你的背部疲憊骨頭疲累，連你的筆似乎都很疲倦，但紙張是你的愛人你對它傾訴一切。你告訴它，你好害怕你可能是個糟糕的母親，但只在諸事不順的日子裡才這樣。你告訴它，你過去不曾想像這樣一份愛如此濃烈，如此接近神有如你對這個蜷著身子睡在旁邊的柔軟生命，接著你筋疲力盡打起盹來，然後一個小時之後約莫凌晨五點左右——

你在一聲尖銳的哭啼中，醒來。

芬恩・卡佩拉／占星學家、Star Witness樂團主唱與作曲者，也是住在美國西北部雨林的母親。芬恩以詩人和作家的身分在各種出版品和網路刊物發表過作品，像是*Northwest Edge*、*Hip Mama*與*Gumball Poetry*。本文取自*The Essential Hip Mama: Writing from the Cutting Edge of Parenting*一書。

我想，每個母親找到自己的道路，這件事真的很重要。

——美國歌手索蘭吉·諾爾斯（Solange Knowles）

哭個夠

蘿賓・席伯雷（Robin Silbergleid）

你從來不知道自己竟然有這麼強烈的渴望，竟然會這麼渴望任何事情。你對它的渴望，超過長達七年不曾做愛的女人，超過生育病患在三年內接受第六次體外授精，超過急於買到古柯鹼的毒蟲。這不是想要醃黃瓜冰淇淋的那種渴望，像墨西哥捲餅電視廣告裡，某個懷孕婦女想同時吃具有嚼勁、咬起來爽脆又加了乳酪的那種東西。去死吧巧克力蛋糕。去死吧西爾斯博士以及親密育兒法*。去死吧，那個說任他哭的小兒科醫師**。到你兒子十個月大時，你不曾連續睡超過兩個鐘頭，你對睡眠的渴望如此之深，你能理解有些母親為何會把寶寶塞進微波爐，或是餵寶寶過量的貝咳華納糖漿***。你基本上看不清楚——眼前的一切都彎成曲線，你右眼角有光在閃，已經連續好幾天。你的雙手發抖，你把他丟進推車，推過廚房地板上的隆起，在飯廳裡繞著圈子，氣急敗壞，次數多到數不清。接著你摟著他，坐在地板上，然後哭起來。你把馬鈴薯放進鍋裡煮，然後打電話給你母親，因為母親為了幫助自己孩子入睡，幾乎什麼都願意做。你想起因努特人用來講雪的所有字眼，然後想到各種不同的睡眠，形形色色的疲憊，有如口味各異的冰淇淋，全都美妙無比，你想要每種酷炫的、香甜的混合：草莓起司蛋糕、薄荷巧克力碎片、堅果棉花糖巧克力。你狗急跳牆，可能願意退而求其次，只要柳橙香草口味的Tofutti牌米甜點，或無糖的香草口味也可以。你全都渴望——感冒生病時，胸口受到一擊的感覺；

*「親密育兒法」由醫師威廉・西爾斯（William Sears）與護理師瑪莎・西爾斯（Martha Sears））夫婦共同提出，推崇以親密、回應寶寶需求的方式來照顧孩子。

**指的是人稱「百歲醫師」的小兒科醫師蕾拉・丹瑪（Leila Denmark）所提出的「百歲育兒法」。主張父母應幫助寶寶建立規律作息。

***貝咳華納糖漿（Benadryl）為抗組織胺類的藥物，主要用於緩解感冒的各種症狀。因為具有抗神經物質膽鹼的效果，所以也常被用來誘導睡眠。

懷孕初期因黃體素引發持續的暈眩；從凌晨三點起就醒著，好不容易終於準備入睡時的睡眼惺忪。當那個年輕的住院醫師給你憂鬱症狀的清單，診斷出你有輕微的失眠症時，你非常努力壓抑，免得當著他的面哈哈笑出來。你喝了酒，吞兩、三顆安眠藥，讓兒子貼在你的胸脯上。搖椅在月光中來回擺動，搖向即將到來的黎明。奶汁從他的下巴滴落，鹽之花加焦糖，嚐起來不曾如此甜美。

本文作者簡介請參見六十二頁。

他們會為那種事情給予獎勵

莉・奈許（Lee Nash）

他們會頒獎給單親媽媽。
終於有人賞識。
我填寫申請書
而我自設了勾選項目
因為上頭沒列
睡在走廊上
好讓自己的孩子們各有一間臥房。
或是住在可疑的酒吧對面，

在自家前門應付怪人圍剿。
有一項是照料孩子的健康
我在「一般」上加了
足踝科醫師、驗光師、心臟科醫師、皮膚科醫師。
在「與父親聯繫」以及
「贍養費」這兩個項目上
各寫了四年八個月以及零。
心理焦慮我得了十分
慢性絕望我得了十分。
歐巴馬和柯林頓寫了推薦函，
輪流稱讚他們的母親。
我有機會勝出。
當他們拍著我舉著獎牌的時候
就像真正的奧林匹克運動員，
我打算咬咬看，

要是運氣好，獎牌就不會裂開。

莉・奈許／住在法國，從二〇〇八年起就是單身母親，育有兩個孩子。詩作散見於眾多紙本和網路期刊，她的第一本小詩集*Ash Keys*出版於二〇一七年。隔年，她獲頒Bath Flash Fiction Award小說獎。她給單親媽媽的祕訣是：抓緊尊嚴，不管你覺得多麼沒尊嚴，不管你失去了什麼，不管你的處境多麼不公平；你的自尊不能任人踐踏。想更認識她可以拜訪她的網站：leenashpoetry.com。

Chapter

4

早安心痛——關於面臨劇變的困難

Good Morning Heartache

你永遠必須堅持下去。而你會辦得到，因為你不得不。

——英國演員凱特・溫斯蕾（Kate Winslet）

我們為什麼留下來

薇絲安奈特・布萊克曼—波西亞（VersAnnette Blackman-Bosia）

我們留下來，因為我們很疲憊
我們留下來，因為我們孤苦無依
我們留下來，因為我們
被遺棄
被排擠
只能自食其力
身為女孩
眼看著爹地對媽媽那樣

媽媽對爹地那樣
爹地對兄弟那樣
兄弟對他女友那樣
而他女友只能承受
他女友放聲尖叫
他女友回擊反抗
但她總是回來
我們留下來，因為我們以為一切
盡在掌握之中，因為靈魂流血
我們呼喊耶穌作為絆創貼
我們留下來，因為我們已經厭倦努力
嘗試改變蝕刻在我們血脈裡的軌道
我們留下來，因為我們聽到
充滿羞恥的無知歌曲
聲稱我們佯裝無辜

我們留下來，因為暴力是個密碼
是個慣例，是個信念
互愛的語言
而沉默為那個語言注入力量
只有在喉嚨脈輪閉合
一線希望浮現時
沉默才會存在
我們留下來，因為我們迷失了
我們留下來，因為我們看不到明天
我們留下來，因為憂傷超過喜悅
我們留下來，因為我們很疲憊
我們留下來，因為我們受到的教導是
不要放棄
愛，不要放棄他、上帝、我們、那個黑人、家庭、孩子，
雖然我們不斷放棄自己

我們留下來，因為我們沒有別的可以損失
我們留下來，因為我們的精神已被擊潰
而我們被自我厭惡嗆住
我們留下來，因為我們不敢挺身發言
不敢去定罪、放手、坦承真相
要承認太痛苦
而人人以為我們喜歡
我們留下來，因為我們從很久以前就很疲憊
我們留下來因為被占有、吃拳頭，向來是我們的現實，違反我們的意願

留得我們
漂浮在挫敗的邊緣上
鎖在折磨與現實之內的某個地方
一個尚未定義的空間

一個難以置信的審視
我們永遠不自由
我們留下來，因為我們忘了月光如何照耀
我們留下來，因為我們再也聽不見河流的歌唱
我們留下來，因為我們早已奮戰太久
而我們疲憊不堪。

薇絲安奈特・布萊克曼－波西亞／畫家、詩人、講師與協調人，第一本詩集*Butterfly Spirit*出版於二〇一五年。她經營著Soul Revival Healing Arts，提供原創的畫作和產品，並帶領工作坊。她對於提升女性能力、享受美食和環遊世界充滿熱情。身為前任單飛媽媽，她是ESME的家暴資源指導。目前與家人住在芝加哥附近。

他停轉的時候

羅賓・羅傑斯（Robin Rogers）

我接到一通營地打來的、每個母親都會害怕的電話：我兒子過得不開心，想回家。兒子告訴我，營隊有個心智障礙的男生，接著，他哭著劈頭就說：「他讓我想起爸。」我後來打電話給營隊，得知這個男孩——大家都說他個性貼心，我兒子也這麼說——會做些古怪的事。其他隊員唱著營隊歌曲時，這男孩會自顧自地唱自己的歌。

「除了你，沒人會懂。」兒子對我輕聲說。

「看，那個建築物在哭。」前夫對我說，望著窗外打落在隔壁建築上的雨水。我停下來看著他。該說這種話很美，還是很怪呢？他在我們家地下室收藏在街頭找到的門，總共有六十多扇，也累積了好幾桶門把。他撿回來的二手家具如此之多，已蔓延到後院，而後院正是他藏食物的地方，免得肚子餓了。

他在我們這棟老建築的牆壁裡，儲藏了更多家具。故障的魚缸、老舊的撐拐。大部分的東西我從不知從哪來的。有一天，我望出窗外，看到他沿街推著亮橘色的購物車。他戴著防護眼罩，瘋狂地咧嘴笑著。他不應該再那樣，我當時想，鄰居會以為他瘋了。

他在鬍子上剪出造型。他位於地下室的工作室天花板，鐵絲和線繩交錯成萬花筒般的網絡，他把所有的時間都花在那裡。「每根線繩，」他後來告訴我，一面用食指輕點太陽穴，「都跟我的腦袋相連。」他的工作狀況向來不穩定，起初他的高薪工作還能維持好幾年，再來是維持幾個月、幾個星期，最後終於只能持續幾個鐘頭。

「我開悟的程度勝過佛陀。」有天他態度誠懇地告訴我，「比耶穌還更接近上帝。」另一次他這麼解釋。

「他什麼時候停轉的？」一位全人治療師問。我幾乎可以直接回想起，他坐在我們那張綠色舊沙發上陷入僵直狀態的那一天。他連續坐了好幾日。當時我懷著現在從營隊打電話給我的這個男孩，我當時以為，這是憂鬱症。「你怎麼知道？」我問治療師，我的淚水湧了出來。她對我輕柔一笑，「我母親有精神分裂症。」

人過世時，會有儀式，大家會安慰家屬，一起吃蛋糕。但是當你有一位精神病丈夫脫離現實時，沒人會帶蛋糕來。我原本四口的家庭，變成了三口：兩個兒子和我。我們買了條狗。有個鄰居曾目睹我前夫被警察強制帶離我們家，並用濃濃的波蘭口音說：「小狗對男生來說很不錯。」

大家說我離婚了。我卻覺得自己守了寡。

我前夫在距離我們家三個鐘頭的小鎮遊蕩。一切都不同於往，但一切也都沒變。我依然會接到令每個母親心碎的電話：「我想家，媽。」加上這個轉折：「他讓我想起爸。」父親在我兒子們的生活中，是個幽魂般的存在，在我的生活裡亦然。有時候我真希望有人能主動向我們表達善意，並說：「我對你的損失感到難過。」

我猶豫著要不要提早去營隊接兒子。「讓他知道，這種狀況他可以自己處理，這滿重要的。」兒童精神科醫師說，態度未免太有把握。「不要把他留在那裡，」我母親透過電話向我懇求，「他需要你。」我開了三小時的車程到營區，把我的小車停在布滿碎礫的停車場，然後走到雜草蔓生的野地，那裡滿是打打鬧鬧的小孩。我兒子就在那裡，僵住不動。他的銅色頭髮在陽光中閃耀。他看到我，起步朝我奔來，細瘦的手臂和雙腿扣住我，哭到無法言語。這不是孩子氣的虛張聲勢，更不是青春期前的侷促不安。

「要不要去吃點披薩？」我問。他點點頭表示好。「然後再回來拿你的行李？」我說。他再次點頭表示好。我們漫步走向車子。

那天下午，我和兒子邊吃披薩、邊聊起他父親。我兒子沒有父親督促他在運動上好好表現，他告訴我，其他男生在運動上都比他厲害。我們用他的話來談他的損失。

我不知道那天我帶他回家時，是否做對了決定；或者我們在那個麻州小鎮，對著沒有熟透的披薩垂涎三尺時，我是否說對了話。我只知道，我開誠布公談起前夫的病況，而我會持續開誠布公地談論這件事。確實，當你因為丈夫罹患心理疾病而失去他，你不會收到慰問卡。沒人會向你捎來慰問。不過，我認為兒子說「除了你，沒人會懂」這個說法是不對的。一定有更多像我們這樣的人，只是我們都悄無聲息，有如在墓園裡漫步。

蘿賓．羅傑斯／任職於紐約市立大學皇后學院的社會學系，擔任社會科學榮譽課程主任。她的學經歷多元，包括曾參與國會山莊的國會計畫專案工作，以及在賓州大學取得博士學位、在耶魯大學從事博士後研究，並於普林斯頓大學以客座教授的身分任教，更寫了一本關於福利改革的書，還有其他各類瑣碎的學院工作。她有兩個兒子，目前正在研究X世代的女性。

身為受刑人的妻子、母親、女兒或姊妹，就像擁有祕密社團的成員身分——這個祕密社團由女戰士組成，她們藉由夜色掩護，跋涉幾百英里，在受監控的電話和被抽查的信件裡坦露自己的靈魂，將愛的光線帶入訪客室的陰沉磚塊和灰泥地板，在了無希望的絕境中，有如象徵希望的燈塔，散放著光亮。

——刑法教授泰芮・林頓（Terri Linton）

這門功課我知道我兒子已經懂得

喬奇亞．佩爾（Georgia Pearle）

西邊某處有輛聯合收割機
　正要壓垮新一批的老鼠
而我讀大一的兒子需要
　有人幫忙解讀史坦貝克的作品，
明天我們會搭
　八十四號公車到紅線
趕在日出以前換搭四十號公車

而我女兒會在

我的胳肢窩裡點著腦袋打盹，

　她稚嫩的氣息依然

滿是綠薄荷的氣味：她不會注意到

　我們路過的每個高架橋下

搖曳的陰影

　我不去想那年聖誕節

當時我簽下慈善機構

　註明無家者的文件

我們在下一個公車站等候時

　那裡有三個看不出年齡

的枯瘦白人，正在

　人行道上撿拾菸屁股

他們一起喃喃說著，我的角落
　那個賤女人搶走了我的角落
我用嘴型對我兒子說，安非他命
　他只知道

那種煙霧將他父親帶往
　某個不可知的世界
可是他讀懂了我露出的神情
　意思就是要我們緊貼彼此，

不要信任周遭的任何東西，
　除了我們倖免於難的雙腳，快步前行
孩子，不要問我我們要往哪裡去
　疾步邁向黎明

可是今晚他在寫關於蘭尼
和喬治*的報告，今夜我噤聲不語。
關於小人物的不自量力
我隻字不提。

喬奇亞．佩爾／史密斯學院校友，擁有萊斯里大學詩學藝術碩士、休士頓大學創意寫作和文學博士，詩作散見於*Kenyon Review Online*、*Crab Creek Review*、*Women's Studies Quarterly*，不一而足。她在二〇一六至二〇一八年間擔任*Gulf Coast: A Journal for Literature and Fine Arts*的數位編輯，二〇一八年獲頒Inprint Marion Barthelme Prize創意寫作獎。她跟兩個孩子住在休士頓。

＊約翰．史坦貝克（John Steinbeck）的小說《人鼠之間》的角色。史坦貝克的作品多描寫大蕭條時代下平民階級及移民工人的生活，擅長刻畫在生活中掙扎的小人物。

四分之三時間的家庭

伊莉莎白・亞歷山大（Elizabeth Alexander）

我還沒學會怎麼使用我們的電視錄影機。婚姻的重點之一，就是分擔勞務。在昔日，就表示一人狩獵，另一人採集。當今，那就表示一人知道擦碗巾收在哪，另一人知道怎麼設定錄影機，因為，何必兩個人都該知道呢？

我現在學會錄影機怎麼操作，在設定裡找到他的蛛絲馬跡。《紀錄之下》（*Under Record*，暫譯）系列，梅利莎・哈里斯—佩里（Melissa Harris-Perry）的新節目。噢，他多愛聰明的黑人女生啊，尤其是長得可愛的。昆達里尼瑜伽、科學紀錄片《新星》（*Nova*，暫譯）系列、《美國大師傳記》系列，還有音樂紀錄片《默默無聞》（*Unsung*，暫譯）系列，正好適合我。我會瘋狂看他留下來的那些東西——唱片製作人路．勞爾斯（Lou Rawls）！歌手唐娜．桑瑪（Donna Summer）！Shalamar樂團！我的黑鬼老婆，他會說，臉上掛著興致盎然的溫暖笑容。

現在我消除那些設定，讓出空間給新東西：NBA全明星賽、影集《醜聞風暴》、實境節目《真人秀：廚藝大戰》。我刪掉了電視影集《如果還有明天》，那個系列已結束，劇中那位中年妻子過世了，她丈夫心臟病發，但活下來了。當初我和菲克力一起開始追這齣戲，結局卻只剩我一個人在看，我哭著詛咒戲裡那個從鬼門關回來的丈夫。

他從來沒有不把我們放在心上。他碰過的一切，都藏著他顧念我們的痕跡，包括那架奇怪的電視。

我最後一次跟心臟科醫師通電話，醫師對我解釋，根據他的解剖報告看來，事發當時，狀況跟其他人沒兩樣：他在撞到地面以前可能已經過世，也許他之前覺得有點想吐，但事情發生的當下就像閃電，不會有時間覺得害怕或痛苦。

然後醫師告訴我一個牧師的故事。牧師在講道壇上心臟病發，當時正講到復活節耶穌死而復生，教堂隔壁正巧是消防隊，他們立刻趕過來幫忙。牧師活了下來，事後提起瀕死經驗，說他見到了母親，一派安詳美麗的氣氛。他很遺憾自己返回了人間。

我繼續付他的手機帳單一年半，因為我不想失去那些簡訊，可是又不忍心去閱讀和轉寄。最後那支手機沒電，遺失在屋裡的某處。

可是後來我又找到那支手機。時候到了。賽門在那支手機上看到照片時淚如雨下，照片裡他父親在餐桌上吹熄生日蠟燭。

他過世那天下午兩點零八分發送的簡訊，對象是我們的姪女，事關她母親的醫療。

稍晚一點，則是和索羅的通訊，說他在學校的停車場上等兒子們。

對我來說這是何等深奧的謎團，前一刻充滿生機的存在，如此真實可觸，下一秒卻無影無蹤。

菲克力不在廚房餐桌邊，明明是這麼不可能的事情。好多個月以來，我頭一次寫下一首蹩腳詩作的草稿，作為再次投入的暖身練習：

四分之三時間的家庭

我們現在是一張三腳桌子，
一個三口之家，過去曾是四口之家。
我們將自己帶進了新的平衡。
桌子搖搖晃晃，但並未傾倒。

我們依然是四口之家，我想
當我們遇到新的人，我們會納悶
他們是否看得到菲克力。
我廚房餐桌上一直擺著四人份餐具

買同樣份量的食物：四塊
鮭魚片，八小塊雞排，

四個迷你巧克力閃電泡芙。
我們準備好
隨時迎接他回來。

我看著孩子們在菲克力五十歲生日早晨，用他的iPhone替他拍的小短片。當時他正在睡，而我還抱著他，假裝在睡，因為我很詫異。兒子們端了個托盤到我們床前：一朵黃水仙（從花園摘的，那天是三月二十一日）、一壺濃縮咖啡、烤吐司、灑了金黃蜂蜜的優格，還有草莓。四人一起在我們床上用餐，那個影像裡的一切是如此重要且真實。當時由索羅負責掌鏡，賽門則拋出一則又一則的笑話。兒子們笑得停不下來，其中一人還唱了首歌。

本文作者簡介請參見三十一頁。

希望的重點不在於證明任何東西，而在於選擇相信——愛，勝過任何人可以拋向我們的嚴峻無情的破事。

——美國作家安·拉莫特（Anne Lamott）

當時

露絲．史東（Ruth Stone）

那年夏天，從屋後迴廊上，
我們可以聽見暴風雨響如火車，
都卜勒效應壓縮著空氣；
雨水，有如笨重的機器，
從下方的果園，朝我們疾奔而來。
我的問題是，我沒辦法讓你持續死亡。
你甚至會潛入無生命的東西，
以無止境的偽裝回返。

而且那年冬天有隻貂搬進了屋子裡。
天氣如此冷冽，梁柱都裂出了縫。
這隻貂一身奶白色毛皮
尾巴後半段黑如煤灰。
身體約有十吋長，
鑽過小洞進來。
牠從廚房的高架上俯看我們。
在我們的失落裡，我們接受
事物的奇形怪狀
彷彿對我們來說別具意義，
彷彿我們緩緩越過了那片地，
彷彿地面起伏如水。
地板和櫥櫃斜向西邊，
房子朝著夜空的傍晚那側下沉。
我和孩子們一起坐著等待，

就在屋後迴廊上，暴風雨的龐然引擎
穿過林下灌叢往上翻湧，
朝著我們砰砰而來。

露絲．史東／出版過十三本詩集，包括入圍二〇一九年普立茲獎決選名單的*What Love Comes To: New and Selected Poems*、榮獲二〇〇二年美國國家圖書獎的*In the Next Galaxy*，以及獲頒美國國家書評人協會獎的*Ordinary Words*。第二任丈夫過世後，她持續扶養三個女兒，同時在大學教授英文與創意寫作，七十七歲得到紐約州立大學賓漢頓分校的終身職。她從二〇〇七年開始擔任佛蒙特州的代表詩人，直到二〇一一年臨近過世之前。

當黑人性命超乎你想像的要緊

黛柏拉・歐斯特・潘諾（Deborah Oster Pannell）

我丈夫還是住在南布朗克斯的年少黑人時，某天放學回家的路上，在自家公寓大樓的門廳被警察攔住。警察用槍抵住他的腦袋，堅持要他將雙手貼在牆上，然後搜查他除了課本和作業之外，什麼都沒有的背包。

我成長的地方跟那種事距離有一趟火車旅程和一個世界之遙，我是白人中產階級牙醫的女兒，受惠於長島郊區的種族隔離計畫。

儘管我們的背景天差地別，我和丈夫將目光轉向彼此。我在他的活動範圍中覺得無助，全心支持他，懷抱極度忠誠，深入挖掘我倆的關係，前後長達二十二年。我們自己創造了生活於世界的獨特方式。

可是我們的結合幾乎打從一開始，就是從掙扎裡鍛鍊出來的。我丈夫和鐮刀型貧血症共存，一種慢性基因疾病，不得不淬鍊出戰士般的性格。我們總是開玩笑說，他的自傳應該題名為「又黑又病又窮」。

鐮刀型貧血症必須使用強效的麻醉藥，才能處理它的主要症狀，也就是不定期的劇痛。如果你對醫療的種族偏見有所認識，就可以想像這會是什麼樣的亂象。有次他陷入劇痛的危機，醫師卻拒絕給他藥物，控訴症狀是他佯裝出來的。醫生真的說出了「因為你有毒癮」這樣的字眼。還有一次，醫療團隊不願先給止痛藥，想等做完脊椎穿刺再說，就是將一根長針扎進脊椎並抽出液體，以便判定他高燒的起因（或者，更可能是為了讓實習醫師有機會練習這個手術方式）。

我們早早就發現，我身為白人女士的身分，可以幫忙抵抗難以避免的刻板印象，確保醫師會替他開處方。我在形形色色的狀況下介入，要求院方給我丈夫恰當且人道的醫療處置，符合他所需要，也是他應得的。

就某些方面來說，二十幾歲的我，對自己即將一腳踏入的局勢毫無所知，不管是選擇人生伴侶，或是兩人最終決定生養孩子。不過我陪同丈夫在醫療系統裡走一遭，很快就嚐到了現實的滋味，而往後幾年，帶著兒子在公立學校體系裡穿梭，讓我更進一步清醒。

我親眼見到我黑人兒子在幼兒園被形容為不守規矩的孩子，而跟他有類似表現的金髮碧眼好友，卻被當成討喜的自由靈魂。我見識過老師跟其他權威人物以懷疑和敵意對待我兒子，即使他的行為根本不該受到這樣的對待。我看到他被貼上惡棍的標籤時，有多麼喪氣，而那些指控他的人根本還沒有機會認識他。看扁他的人對他的期望極低，我也眼睜睜看著他跟使壞的衝動拉扯著，想要乾脆實現那些人對他的看法。

多年下來，我身為妻子和母親的體驗，深化了我對白人優勢的理解，我學得我身為白人女士的影響力和限制。這的確協助了我丈夫某些生活層面得以輕鬆一點，但最終仍舊無法拯救他免於疾病的蹂躪——他死於二〇〇九年，當時四十五歲。雖然我可以為兒子挺身介入、提供支持，在可能的範圍內，替他找到最優質的教育環境——一個理念相同的小型創意社群，全心全意為他追求福祉與全方位發展，能夠欣賞他獨有的需求與非典型的節奏——但我卻無法保證他在世間活動的安全。

還記得塔米爾・萊斯（Tamir Rice），在遊樂場上舉著玩具槍的十二歲男孩，二〇一四年被克里夫蘭的一位新手警察擊斃嗎？只要有個黑人孩子的人，凡是聽到這個名字，身體就會竄過恐懼的哆嗦。面對這樣的恐懼，我能怎麼辦？直到近來我才得知，黑人孩子的家長會教導孩子遇到警察時怎麼存活下來，基本上這是一門非上不可的功課。我的白人優勢讓我在那方面得以保持無知。

對我來說，「黑人生命很要緊」不只是個口號或政治立場，它體現了我對家人和朋友的愛。那是我的血脈、我的呼吸、我的日常、我的夢想。我持續相信愛的力量。我想讓自己和兒子從極端保守、世代相傳的創傷之網及表觀遺傳學的記憶中掙脫出來，儘管我們四周的情勢似乎每況愈下，我這樣的想望依然驅策我樂觀前進。

沒錯，眼見世上散播著仇恨與怒意，令我害怕——事實上我嚇壞了。可是我是個母親。就我的看法，我的工作就是將兒子拉拔成這樣的男人：會中斷這種破壞性循環，並對世界做出正向的貢獻。

我丈夫過世時，我兒子六歲。對他來說，失去爸爸來得就像一場夢。當我告訴他，爹地過世時，他問：「你確定嗎？」突然失去父親時時的陪伴，這個從他出生以前就感覺得到的存在，一個男孩要怎麼從中看出道理？他要如何理解一個男人的缺席？而這個男人一生的職志，就是以他兒子父親的身分被記得——幼兒園放學後輔導他功課三小時，在前院跟他用光劍決鬥，趁媽媽不注意偷塞糖果給他——而不是他生病的爸爸。這個白人媽媽要如何指引她黑人兒子邁向成年？

到了十六歲，我兒子的無父人生已超過有父相隨的時間。他即將步入成年，而這世界可能會要求他——要求我們全部，做出重大的犧牲。於是我們繼續往前邁進，他和我，體現著我們篤信為正確的事物，受到離我們而去的那個男人的強大精神所啟發。

黛柏拉．歐斯特．潘諾／自由寫作者、編輯、策展人，與其他作家、藝術家、創意企業家協力創發與推動新計畫。丈夫過世後，她成為單飛媽媽，她形容為「我最具挑戰性、回報也最高的人生體驗」。她書寫愛、失落、親職、種族、社會正義、靈性等議題，目標放在建立社群並形塑更具惻隱之心與人性的社會。

在一個寧靜的時刻

希拉芮・梅頓（Hilary Melton）

在一個寧靜的時刻，
也許是
晴朗的日子裡獨自開著車，
它會趁我注意到以前
悄悄溜進來——
想像他如果死了會怎樣

有時候，無法停止
尖叫，
我的聲帶會啪嚓斷裂。

其他時候——我徹夜
沉睡，打包行囊，
一路搭便車到蒙特婁。

不過
如果我現在可以——彷彿他
從未發生——
到一家專賣十歲孩子的商店去

瀏覽著商品選項：
腦袋靈光的、擅長運動的、

循規蹈矩的

還有角落裡的一個——

在那裡哼著沒曲調的歌

視線往這裡那裡飄

隨著光線和陰影

一雙伊莉莎白．泰勒般的碧眼

還有斜一邊的笑容——

我會指著並說，

我要他。

希拉芮・梅頓／Pathways Vermont的創始人與執行長，這個機構提供住房與創新的心理健康服務，致力於終結佛蒙特州社區長期無家可歸者的現象。她有佛蒙特藝術大學的藝術碩士學位，作品散見於*New York Quarterly*、*Ellipsis*、*Rattle*、*Slipstream*、*Sow's Ear Poetry Review*，不一而足。

海洛因，雨水

安・史波倫（Anne Spollen）

晚上十一點，我沿著花園州高速公路奔馳，雨下得密密匝匝，往側面橫掃而來。我女兒在後座沉睡，兒子坐我旁邊，睡睡醒醒。我一路數著里程標示，看看距離醫院還有多遠。

我不曾在滂沱大雨的狀況下，開車穿過黑夜。

我的雙手顫抖。我試著控制它們的抖動。如果我可以控制我的雙手，就可以控制我的思緒；如果我控制得了思緒，就控制得了這輛車子；如果我控制得了這輛車，就可以避免意外。我一直想到那本書：《如果你給麋鹿一個瑪芬蛋糕》（*If You Give a Moose a Muffin*，暫譯）……。

頭頂上方閃過一個標示：警告，能見度有限。

很好。

我兒子朝我望來，「你今天做了什麼？」一時片刻，他進入警覺狀態，呼吸規律。接著又飄入了夢鄉。

我不想告訴他，對他的擔憂恐懼，已占據我的思緒一整天，而我在靈魂深處知道，他狀況不對。

「下雨開車很困難吧？」他問完之後，望出窗外，已經跟自己說的話斷了聯繫。

「對啊。」

我不想告訴他，他的貓咪從匆忙拼湊的運送紙箱逃出去，塞在我的脖子和頭枕之間。歐西張著爪子，鉗在我的肩膀上。我動也不敢動，怕牠會將爪子扎進我的皮肉。

一輛曳引機拖車對我猛按喇叭，吵醒了兒子。他一時驚醒，睜開眼睛，然後又閉上。

「你覺得看起來怎樣？」我問，「那些頭燈，雨讓它們變得很夢幻。」

「滿酷的啊。」他咧嘴一笑，然後再次垂下腦袋。我傾聽著，確保他還在呼吸。

海洛因就是這樣。

我跟我家老二有種神祕的連結，我總會感應到他狀況不對。他童年期間，我會湧現恐懼感，幾分鐘過後，學校護士或校長就會來電。隨著年紀漸長，他會開玩笑說，我總在他被警察臨檢，或是惹上某種麻煩的時候來電。他因為酗酒或嗑藥而失聯時，我就會以雷達般的直覺，在樹林裡仔細搜查，最後總能找到他。現在，他十八歲了，幾乎不打電話來，可是那一整天，我心頭一直籠罩著那股熟悉的恐懼感。那天晚上電話響起的時候，我並不意外。

「還好嗎？媽？」講話的聲音彷彿透過變聲器，就是犯罪節目用來掩飾聲音的那種。他吐氣。音樂。笑聲。「你應該過來。」

儘管我至少距離一小時半的車程，遠在一個州之外，他仍然這麼說。

他緩刑的條件是要留在紐澤西州，在他父親的家。那裡是毒癮者的夢想之地：瀰漫著兄弟會的氣氛，毫無規則可言，對於行為合法與否，態度非常鬆散。

「我要你回到我家來。你今晚不能待在你爸那裡。」

他不多的話底下是恐懼的暗流。今晚，狀況非常不對。

有毒癮的人，沒說出口的話反而最響亮。

我和女兒約莫兩小時後抵達，我兒子站在玄關那裡，動作像在水底下似的。

「哇，感覺只有幾分鐘。」

他指著貓咪睡覺的箱子，裡頭鋪了毛巾。「我不希望歐西冷到。」

我擁抱他。

「接下來呢？」我女兒問。她十四歲，直覺意識到哥哥吸毒這件事。她的眼神充滿期待。

「離開。」我說了這個字眼，態度篤定。

我很高興她沒問我之後要做什麼。

開車回家的路上，大雨在黑暗中呼嘯，歐西的爪子在我頸上間歇敲著，我一面留意兒子的意識狀態。我知道我的手法必須激烈一點。至少四次，我在他嗑藥嗑到嗨的時候，將他送進醫院，最後他父親把他帶走，然後整個循環又重演一次。這一回，我們必須嘗試住院治療。

這個新方法的可能性令我興高采烈，我選擇不理會我對於如何安排住院治療這事的一無所知。我稍微加快車速，直到看到外區大橋——回家的橋我只知道這一座，可是橋竟然關閉了。我跟著指示走，最後卻開到一個工業區的荒涼馬路。起重機和金屬機械聳立在我們四周，就像末日後的電影場景。

「我們迷路了。」兒子指著衛星導航，上頭顯示正在取得訊號。

「只是繞點路。」我說。我們轉進了另一條死路。有幾秒鐘時間，我把車停在路邊，腦袋靠在方向盤上。我聽著孩子們的呼吸聲，感覺略微尖銳的貓爪掠過脖子。我閉上雙眼。肚子深處有種重量聚積起來，又小又密，是一團黑洞。

巴不得有張該死的地圖。

「媽？」女兒的聲音呼喚，睡意正濃。

「只是繞了點路，」我說著便啟動車子，「沒事。」

我將車子迴轉，朝著一排模糊的燈光駛去。就在那裡：另一座橋的入口告示。

我相信，我是唯一一個看到高瑟爾橋而哭出來的女人。

我趁孩子們睡著的時候，打電話給每個我能找到的勒戒中心。毫無所獲。

最後，一通電話在凌晨五點三十分回電，問我能帶他到佛羅里達嗎？

我告訴那個男人，「我名下有一百八十美金。」

「等他醒來的時候，他會有戒斷症狀。」男人說。

接著，奇蹟似的，「我可以寄一張已付款的機票到你的電子信箱。」

「什麼時候？」

「馬上。」

我告訴我兒子，起初他拒絕了。我用雙手捧住他的臉，「你非去不可。」我說，用的是他小時候必須服藥或與人分享最愛的玩具時，我會用的語氣。只是現在我沒辦法逼他做任何事，法律上來說他是成人了。

我屏住氣息。

他同意了，這是當晚的第二個奇蹟。

那天下午，我望著兒子的飛機升空，直到再也看不見為止。我想在這裡停筆，說他去接受治療，說他現在已經沒事了。只是海洛因成癮應付起來沒這麼簡單：會有更多失控的夜晚、更多逮捕、更多冒雨行駛、更多勒戒、更多他父親的縱容、更多我聯絡不到的時刻。

可是我站在那裡望著飛機消失時，至少在那幾個時刻裡，我知道自己在沒有導航的狀況下穿越了風雨和黑暗——大橋封閉、貓爪扎人，不確定要怎麼照顧他、我女兒或我自己。而我，就我的記憶，是頭一次形單影隻。真正的形單影隻。

經此一事後，我們漸入佳境。我覺得更堅強，也比較不害怕。

沒人會給我一張地圖或確保我能通過任何一座橋，也無法保證我的孩子可以從這場病活下來。可是，至少我可以在海洛因和雨水和瘋狂的徹夜電話中穿梭，並尋得可以帶他脫離黑暗的翅膀，即使只是暫時的。就目前來說，我們也只能這樣支撐自己了。

安·史波倫／三個孩子的母親，是紐澤西海洋郡學院的英語和作文教授，也在紐約城市大學研究基金會的成人讀寫課程裡教學。著有兩本小說，以詩人、散文家、小說家的身分活躍並發表作品。她正在撰寫一本跨類別的書籍，談論成癮對她家庭產生的衝擊；同時也在進行一部小說，背景設在一九六〇年代的紐約市，試圖探索後天習得的種族歧視。

論家

麗莎・費・考特利（Lisa Fay Coutley）

整個冬天我兒子們用手比槍
指著我的臉並以嘴巴發出
扣扳機的聲響。大兒子想跟我親親抱抱。
小兒子想要改名為
遊樂場皮條客。我們圍坐桌邊
吃晚飯的時候，我得小心不要提到雞胸

或是肉丸*或任何
可能被他們抓到語病的字眼。想像荷爾蒙
有個價格，然後想像一群人
在eBay拍賣網站上爭相競標。我是開玩笑，但有人應該
跟這些男孩講——化掉的黑睫毛膏流下之後，
母親們驅車離去。整個冬天我都在
浴室鏡子、濃縮咖啡機、剃刀邊緣
黏上為自己打氣的便利貼。
每天，我都給自己留下來的理由。

麗莎・費・考特利／在內布拉斯加大學奧馬哈分校寫作坊，擔任詩詞與創意非小說的助理教授，著有*tether*、*Errata*（贏得Crab Orchard Series in Poetry Open Competition Award獎），以及*In the Carnival of Breathing*（贏得Black River Chapbook Competition，本文取自其中）。近期的散文與詩作可見於*AGNI*、*Brevity*、*Cincinnati Review*、*Narrative*、*Passages North*、*Pleiades*、*Los Angeles Review*。

*原文作「Meatball」，意指肉丸，而「Ball」也有睪丸的意思。

當他女兒長大後問起，我會告訴她的事

梅格・戴（Meg Day）

他們拆掉門口的黃色封鎖警示帶時
我們的無頸小鳥依然
坐在桌面上，攤展開來，
他那疊紙——箔紙與花紙
與格紋薄紙——鋪散在
《摺紙入門》＊這本書上

以及地板上。為了掛上千隻紙鶴的前二十隻
我們放在
房間中央的椅子
似乎鞠躬到一半便僵住不動，四條椅腳
面朝西。他不曾提及自己的計畫
或個人的傷慟——除了我可以找到那條釣魚線

伸向前方，在大捆
繩子附近。等我回來再繼續摺喔，我當時說
然後吹著口哨越過十一個短短街廓

從五金行回來，於此同時，
他摺起自己的道歉

＊原文書名*Origami Kit For Dummies*，本處暫譯。

並讓自己懸吊在一整片天花板的紙鶴中。

梅格・戴／二〇一五年至二〇一六年Amy Lowell Poetry Travelling Scholarship旅行獎學金的受獎者，也是二〇一三年NEA Fellowship in Poetry詩詞獎學金的受獎人。著有*Last Psalm at Sea Level*，贏得了Barrow Street Poetry Prize詩獎和Publishing Triangle's Audre Lorde Award獎，也入圍了克萊蒙特研究大學二〇一六年Kate Tufts Discovery Award獎的決選名單。梅格是富蘭克林馬歇爾學院英文與創意寫作助理教授，住在賓州蘭開斯特。想更認識梅格可以到她的網站一遊：www.megday.com。

灰色街道

安潔拉・里克茲（Angela Ricketts）

二〇一〇年十一月二十一日

有時半夜醒來，那片刻是為了重新找回舒適感，或驚恐地想起前一日遺忘的約會，抑或是為了起身去使用小桶桶。「小桶桶」*這個字眼，母親們從生產那一刻開始使用，永遠不會離開她們的詞彙，至死方休。有時讓你醒來的，則是一則遺忘許久的回憶，是你試圖拋諸腦後的東西。

人生中有一兩次，你醒來的時候心知肚明：你就快死了，即使三小

*原文為「Potty」，指尿壺或兒童用的便壺。

時前你還在看電視影集《單身毒媽》，將沙發上的抱枕拍鬆，抹淨廚房流理檯，因為你永遠不知道那天晚上會發生什麼事。因為一個整齊有序的家可以遮掩失控的其他亂象。

我一時驚醒，移開空酒杯去看電子時鐘上的時間。兩點什麼的。我應該記住時鐘上的確切時間，但我向來比較會記日期。日期我記得，幾點幾分就記不太得。

在靜悄悄的屋子裡，有隻盯著人看的貓和三個睡夢中的孩子，再次沒有丈夫在場。我睡眼惺忪、摸不清方向，掙扎著要想起自己置身何方。有種甜甜的人工臭味瀰漫在空氣中。噢對了，是我灌下最後一口酒之前吹熄的洋基牌蠟燭。我在腦海裡反覆思索，沒有一樣東西看起來熟悉，但哪個問題更緊急，是我胸口那個壓迫的痛感，還是我人到底在哪裡？刺眼的街燈透窗而入，提醒了我，我人在家，暫且在家。這是我們不到兩年間的第三個家，我花了片刻才想起自己身在何方。坎貝爾堡。就在剛過田納西州界的地方，不過地址屬於肯塔基州，顯然是政治角力的結果，看看哪個州能聲稱是美軍第一〇一空降師*的家園。我回到了熟悉的區域，我想把它當成〈灰色街道〉（Grey Street），是我很愛的大衛・馬修（Dave Matthews）的歌，關於一個女人被生活弄得麻痺無感，彷彿她的世界變得讓她再也控制不住。色彩滲透交疊，最後只剩灰色。每個顏色並未失去彩度，只是被吸入了一大片的灰。自動駕駛的灰。另一次派駐的灰。一個家，一家之主卻不知道哪個抽屜放湯匙。他只是概念上的一家之主。他派駐到阿富汗一年，現在已經進入第三個月，甚至不需要擁有一把家門的鑰匙。

不過，在夜半兩點多，這些念頭只是我毯子下和我皮膚裡的竊竊私語。我的雙腳往四周蹭著，想找孩子們，有時他們會在半睡半醒間晃進我的床。我一動就感覺到了，那個讓我驚醒的原因。不是夢境，不是回憶，更不是遺忘的約會。是痛楚，肉體的那種。在那一刻，我害怕的不是胸口的劇痛，而是這個痛楚的新穎與陌生，我因為無法理解而心生恐懼。我背部那種刀刺扭轉般的痛，將我推下床，讓我站起身。我感覺汗水滾下頸

＊第一〇一空降師（101st Airborne Division），是美國陸軍的一支空中突擊部隊，參與過第二次世界大戰中的諾曼第登陸、越南戰爭、阿富汗戰爭及伊拉克戰爭，總部位於肯塔基州的坎貝爾堡。

背，但感恩節快到了，夜裡我讓外頭的寒意進入我們家。我偏好用毛毯和法蘭絨睡衣的禦寒效果，更甚於溫暖空氣。

噢，可惡。是恐慌發作。我的身體終於發動抗爭，因為八次長時間且激烈的派駐帶來的壓力，起而反抗。在外派期間及外派後，軍眷妻子上過的「韌性」工作坊和簡報裡，都有人事先這麼警告過。所以一直都是。不管你面對什麼或有什麼感受，一定都在某份檔案夾裡處理過。軍中哲學就是，光是指認和標明出一個問題，就等於百分之九十五已處理完畢。只要有機會，他們就會提醒我們要調整步調、處理壓力。我腦海浮現那張簡報幻燈片——「恐慌發作是個嚇人但正常的反應：感覺就像要死了，但我們有些應對祕訣……記住，我們跟軍隊一樣堅強！」可是祕訣呢？該死。呼吸啊。肯定有這項。我確實覺得自己快死了。

屋裡寂靜無聲，我從五斗櫃抓起手機，在樓上走動。喬幾乎是青少年了，一疊電玩《決勝時刻：黑色行動》*距離他沉睡的腦袋幾英吋，遊戲控制器懸在床緣將掉不掉。傑克允許孩子玩那麼暴力的電玩，因為那就是他工作的實況。傑克爭論說，那些電玩的擬真性令人忐忑，當中的暴力並非無中生有。好人和壞人之間的界線分明，至少在遊戲裡是這樣。

我們的兩個女兒，十歲的布里姬、五歲的葛芮塔，依偎在走廊對面、布里姬的臥房裡。用「我們的」這個詞對我來說相當勉強，說「我的孩子」比較自然。我必須努力提醒自己，這些孩子是「我們的」。我並非獨自育兒，至少理論上來說不是。但事實上，沒錯，我是單打獨鬥。

在這個關鍵的胸痛時刻，我形單影隻。

刺眼的街燈流瀉入毗鄰的房間，照在我睡夢中的寶貝們身上。有時，當早晨來到，我會發現三個小孩擠在同一張床上，或是我們全都一起擠在我床上。不過這是他們今晚的實況。

我的左肩竄過一陣痛楚，我攀住牆壁，沒發出聲音。只有我的手掌貼住那醜陋的牆面。經年以來，軍隊總是將我們家的內部漆成粉筆白，後來決定趕流行，塗成中性色調。

階梯底部掛著我們的結婚照，照片裡，打在我脖子上的燈光恰到好

＊美國發行的第一人稱射擊遊戲，劇情設定在冷戰時期，玩家須在敵人後方執行祕密任務，充斥著軍人、軍隊與戰爭等元素。

處。當時我買了雙串仿珍珠，想把它們戴成頸鍊風格，因為比起一九九〇年代早期的其他禮服，我的婚紗非常簡單。我的大喜之日終於到來時，我感激萬分，那串珠鍊是可調整的，我能夠輕鬆掛在頸子上，而不是高高貼在喉嚨那裡。用後面那種戴法會更漂亮、更時尚。可是我無法忍受。無法忍受有東西勒得我難以呼吸。

我此刻應該記住一些關於肩痛的警告訊號。我踉踉蹌蹌下了樓。我從沒想過要撥九一一。在我們的街坊，半夜撥九一一就是喜歡小題大作、刷存在感的婊子。按照駐地政策，喬年紀夠大，可以當臨時保母。我突然想到，我可以自己開車上醫院，不會有人知道我出門了。

「昨天晚上安潔拉．霍金斯引起的騷動，你聽說了嗎？她凌晨兩點恐慌發作，撥了九一一。動員了兩輛消防車、一輛救護車，還有三輛憲兵車。她一個人恐慌發作，結果吵醒了一整個街區。而且還是要上學的週間晚上。她只是想讓軍方把她丈夫送回家來。」有些人翻翻白眼，有些人搖搖頭。想像明天在公車站會有的對話情節，點燃我的信心，我可以獨自開兩英里的車到醫院去，趕在孩子醒來要上學前回家。不會有人知道。我可以把我半夜恐慌發作的故事，留到玩骰子遊戲Bunco的無聊時刻再提，或是當成下次咖啡聚會的笑點。

有太多症狀，我再也無法專注在個別的問題上，痛楚在脊椎和左肩之間來回竄流，我變得虛弱，強忍淚水。只能勉強套上倒在門邊的一隻醜綠色布希鞋，光著一腳走向車子。也許我不應該拋下孩子們。要是他們晃到我床上，我卻不在該怎麼辦？這個念頭雖然一時閃過，但在我搜尋另一隻布希鞋的短暫時間已消散無蹤。駐地醫院在兩英里之外，直直行駛，路上完全沒有別的車。我開過了急診入口，駛過草地才轉回來。空盪盪的馬路上連輛憲兵車也沒有，通常每個街區至少會有一位軍官，等著抓我衝過停車告示或在草地上行駛。運氣真好。視線範圍內連個憲兵都沒有。

我懶得把車停好，就讓車子繼續運轉，駕駛座門沒關。我蹣跚走進急診室電動門，立刻飆淚。「我快死了。」我多少以為會有人責罵我，要我在死前把車先移開。我臉上的堅強面具已經扯開。

「你叫什麼名字？身分證呢？對什麼過敏嗎？你會想吐嗎？痛從哪邊來？一到十級，你的痛是幾級？女士，你能呼吸嗎？」可是這位急診室護理人員說這些話的語調毫無情緒。櫃臺後方的工作人員互換眼神，我一時覺得好難為情，但轉眼這種感覺就過去了。我想對他們放聲尖叫，說我不是被想像的蜜蜂叮的，也沒有想像中的過敏反應。他們很快就會明白，而我會得到片刻的滿足感，如果我能活那麼久。怎樣都比恐慌發作好。

心臟病發作讓我留在加護病房一星期。跟心臟本身無關，但此次發作卻讓我的心臟永遠受損，引發了關於長期預後的超現實討論。心臟科醫生想不通引發這種荒謬狀況的起因。幾星期以前，我還能沿著山坡上下慢跑六英里。我從不抽菸，而且可以將八號尺寸的臀部塞進六號牛仔褲。竟然會心臟病發？

在心導管檢查室停留幾個鐘頭後，我最後的記憶是麻醉科醫師檢視我的病歷，唸誦我的年齡、體重、家族史、一般健康資訊。他看著我，然後搖搖頭。忙著準備開刀房的護理師將CD播放器打開，是AC/DC樂團的〈地獄鐘聲〉（Hells Bells）。我想針對她諷刺的歌曲選擇哈哈笑。但是透過嗎啡帶來的鈍感，看著醫護人員恍如第二天性一般流暢不已的團隊工作狀態，我暗暗驚奇不已。跟軍眷妻子沒有不同。就在我飄進麻醉的無上至福以前，我最後的記憶是，那個一臉快活的白髮麻醉醫師湊到我耳邊，問我說：「你為什麼躺在這個手術檯上？誰讓你心碎了？」

安潔拉．里克茲／ESME的軍眷資源指導，著有回憶錄*No Man's War: Irreverent Confessions of an Infantry Wife*。身為職業步兵的女兒與妻子，她擁有社會心理學碩士學位。可至推特（@angricketts）和臉書（@AngMacRicketts）追蹤她。

Chapter

5

改變即將來臨——關於成長與韌性

A Change Is Gonna Come

會有這麼一刻，緊縮於花蕾裡的風險，其苦痛勝過開花綻放所冒的風險。

——美國女作家阿涅絲．寧（Anaïs Nin）

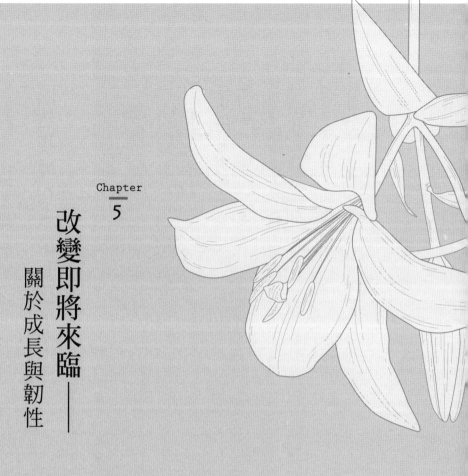

既然我現在永遠有孩子了

奧德雷・洛德（Audre Lorde）

時光飛逝
你還在我體內綻放
我記得　一個接一個
那個腫脹改變了我身體的平面
你頭一次撲動　然後跳躍
我還以為是我的心臟。

日子如何逐漸倒數
冬天到來
我回想　你
逆著寒風越變越重。
我暗想　現在她的雙手
成形了　她的頭髮
開始鬈曲起來
現在她的牙齒已經生成
現在她打了噴嚏。

然後種籽開了。
有天早上我生下你
就在春天以前
我的腦袋像火熱的活塞那樣嗡嗡響
我的雙腿好似一座高塔

有個新世界正穿過塔樓中央。

打從那時開始
持續不斷的時間內
我只能分辨
一條線
你　穿過自我
朝你而去。

奧德雷·洛德／詩人、散文家、小說家、母親、教師、女性主義者、民權運動者及圖書館員。一九八〇年代，她的*The Cancer Journals*榮獲Gay Caucus年度書獎，書中細述她與癌症的搏鬥；*A Burst of Light*則榮獲美國國家圖書獎。她共同創立Kitchen Table: Women of Color Press，是美國第一家為有色女性開設的出版公司。她是約翰傑刑事司法學院的英語教授，也是一九九一至一九九二年的紐約桂冠詩人。她於一九九二年逝世。

懷孕大出櫃！

史黛西楊・欽（Staceyann Chin）

我大樓裡的每個人都知道我是男人婆女同志——大半原因是我住布魯克林同一棟大樓已超過十年。這段時間裡，我一直是那個頭髮亂竄的古怪女生、光著腳在比較芒果優劣的女子、在百老匯演出的女人、每兩年左右換一次女朋友的怪咖蕾絲邊，以及，終於，我想我還是，一個大家認定為同志的鄰居，屬於多元風景的一部分，被知曉、被寬容，甚至被接受。久而久之，在這個正快速被中產階級化的老舊社區裡，我成了固定班底。來自迦勒比海的老婦人，習慣我跟她們在電梯裡調情，我會告訴她們，不許在這樣美好的夏日看起來這麼迷人，「你難道不知道這棟大樓裡住了蕾絲邊？強森太太？」她們通常會臉紅起來，然後燦爛一笑，說我應該守規矩點，「你難道看不出我已經老到不適合（男人或女人）用那種眼光看我了嗎？孩子。」

在這個街區長大的黑人孩子則懷抱著敬意。他們的雙眼可能會發亮，向進出四樓那間多彩公寓的美麗女子們眉目傳情，不過他們對自己吐出口的話，總是很小心。他們告訴我，他們是多麼喜愛那番景致，但向我保證他們不會毛手毛腳。老男人則態度保守，但客氣有禮。酷兒*身分明確的中產階級亞裔雅痞，為數不少且年紀更輕，付了太多錢買這些設備不良的公寓單位，會向我微笑揮手，告訴我他們很高興能住進已經有個LGBT**的大樓裡。新進的白人住戶有著雪花石膏般的肌膚，頂著滿頭金髮，養著名犬，在前廳那裡悄聲承認他們讀過我寫的書，或看過我的表演。大樓裡的朋友跟我說起他們聽來的八卦，關於那個穿著萊姆綠工裝褲、性情古怪、只跟女人約會的牙買加裔女生***。以某種令人愉悅的方式，我想我已經完成了同志出櫃行動，尤其在我自己的社群裡。

然後我因為懷孕而肚子鼓起，立刻讓我這批非常多元的朋友、鄰居、舊識們都困惑不已。

當我一露出懷孕跡象，大家開始會偷偷多瞧我一眼，尤其在電梯裡。這棟大樓很老舊，所以電梯行進得非常、非常緩慢。大家用平常態度對我說話，但不再看我的臉龐或胸脯，而是直視前方，每隔十秒鐘左右，斜瞥一次我隆起的肚皮。沒人敢先豁出去，直接開口問我是不是懷孕了。即使我害喜，對著夾鍊袋猛嘔，也沒人問我為什麼在踏進自己的公寓前兩分鐘，對著一只塑膠袋狂吐。大家只是聊聊天氣，或是經濟，或是新搬進來的白人在抱怨大樓的暖氣調太高；現在管理中心將溫度調低，結果害我們有色人種冷個半死。

最終我厭倦奇怪的視線，開始自動解釋說我懷孕四個月了，或五個

*酷兒（Queer），本意是「古怪的、與平常不同的」，後用來指稱不同於主流社會的性取向與性別認同。指涉對象除了同性戀、雙性戀者，對性愛抱持的立場與傳統標準不同的人，也能以酷兒稱之。

**「LGBT」，是女同性戀者（Lesbian）、男同性戀者（Gay）、雙性戀者（Bisexual）與跨性別者（Transgender）的英文首字母集合。有時會再加上酷兒的Q，成為「LGBTQ」，皆可泛稱所有非異性戀者。

***這裡指的是作者自己。

月了，或我即將在一月臨盆，說我現在臥床休息，懷孕七個月以來吐個沒完。大家試圖遮掩自己有多驚訝。我可以看出他們嚥下疑問，眨眼遮掩自己的困惑。看到他們從「你不是女同志嗎？」轉換到「你現在跟男人在一起了喔？」到「噢，可惡，那些問題都不能問她，那我乾脆微笑點頭就好」的心理歷程，我可說是興味盎然。

我跟一個女人講，她尖叫，然後用尖細到詭異的聲音說，「我的天！我不知道這陣子以來這架電梯為什麼這麼不通風，我今天要跟管理中心申訴。」接著她告訴我，她喜歡我的鞋子，然後慌慌張張走出電梯。

我湊巧碰到一群聚集在大廳的房客，他們旋即安靜下來。我慢吞吞，搖搖晃晃走到我停在前面街道上的車子時，大家點頭揮手目送我。

同大樓的其他LGBT面孔大多數向我道賀，直到他們發現我是在沒伴侶或搭檔的情況下懷胎的。有些人噘起嘴，有些人嘆氣。然後沉默持續下去。他們並不苟同。有些較勇敢的人接著說：「唔，我自己是永遠不會選擇這樣做啦——我也不是認為這樣有什麼不對，可是感覺起來就是不太對勁。不過，我想，如果你相信自己辦得到……」長長的停頓後，通常會問我為何不領養。顯然，單身親職對沒親人的孩子來說行得通，但不知怎麼的，如果是生理上的自主選擇，就令人難以接受。

比起住最近的鄰居們，有些人沒那麼羞於啟齒，想到什麼就直言不諱。「要命，史黛西楊！我還以為你是蕾絲邊！怎麼會發生這種事？」

直男*（尤其是信仰虔誠或有色人種）往往非常不悅，或是得意洋洋。「既然你不想跟我們交往，我看不出你為什麼需要透過男人生孩子。如果你不跟男人交往，我認為你等於放棄了生孩子的權利。你騙了什麼可憐男人，讓他以為你是異性戀，對吧？」或者說：「我就知道！我就知道你會轉性回來！你太性感了，不適合當蕾絲邊！我是說，瞧瞧你的胸部！還有你的體態！我就知道你會找到一個把你變正常的男人！」

有時我會逕自掉頭走開，但其實我想揍他們一拳，猛踩他們，讓他們知道自己觀念有多狹隘。通常我都會用平靜的語氣說，我是在生殖診所付錢接受人工授精的。有時候我比較衝撞一點，就會跟他們說，精子是我

*直男（Straight man），指異性戀男性。下文的「直女」則指異性戀女性。

跟遊民買來的，他需要錢讓女朋友墮胎第三次。這番話通常都會讓他們心跳一停，陷入沉默，久到我可以安然逃開。或是讓他們的宗教血管爆掉，吐出一連串更加無知的回應，關於人工繁殖手段有多不自然，在試管裡製造孩子違反上帝旨意云云。

直女看我的眼神則混雜了同情和怒氣。不少人還沒找到白馬王子，而她們的生理時鐘也滴滴答答響個不停。她們想要孩子，當中卻有許多人擺脫不了固有觀念，無法做出獨力懷孕的選擇。對她們來說，承認自己釣不到好夫婿就是一種失敗。而她們通常會做出類似的評論：「我不確定沒有雙親是否適合生養孩子。我的意思是，如果臨時有了變數，比方說，其中一個家長過世，或是父親離開，決定不陪在孩子身邊，唔，這就另當別論，那是接受處境的做法。可是，像你這樣刻意剝奪孩子擁有父親的機會……我不知道這樣好不好。」

甚至有個女人告訴我，體外受精就是我孕期問題不斷的原因。說上帝一定對那個在我體內生長的人工胚胎不滿意。她甚至誇張到暗示這孩子可能會有先天缺陷、學習障礙、性別混淆，因為我沒照上帝給婦女的指令，就是跟男人上床受孕。

我花了十秒鐘才克制住自己，決定不賞這女人一巴掌。她竟然詛咒這孩子。而對這孩子的戀慕，是我平生不曾有過的，我很快提醒自己，跟這個傻蛋起任何肢體衝突，只會進一步加重我疲憊身體的負擔。我真希望可以跟口吐愚蠢廢話的每個白痴解釋，我對自主懷孕這事所做的選擇是多麼引以為傲。我真希望可以讓他們知道，這件事如何改變了我，讓我更豐富、更貼近自己。我考慮購買事先印好某種怒罵的卡牌，上面有精選的髒話，只要有人一越線，我就可以發牌給他們。

單單是到外頭走一遭，到處都會碰到地雷。

我臥床休息，沒那麼常出門，所以碰到有人對我懷孕這件事反應強烈時，我總是相當震驚。既然我的肚皮已經比我身體其他部位超前那麼多，大家一看也知道我的狀況，那就表示我控制不了別人的反應。老婦人會微笑問我懷孕多久了。而那類喜歡碰碰摸摸、講究自然的中產白人婦女會不請自來，碰觸我的肚皮，主動提議要傳靈氣給我，好讓我打開某種脈輪什麼的。陌生人則自動假設我是異性戀，問起我丈夫，或孩子的「生父」。當我說我透過捐精者，說這孩子沒父親的時候，他們往往相當困惑。連我在婦產科診間，都必須時時糾正護理師，因為她們堅持要叫我「欽太太」。有一次，我厭倦到在椅子上坐直身子，從候診室後方大喊：「護理師，我都跟你說過一百遍了，我沒結婚。我是單身蕾絲邊，透過人工授精懷孕。我沒有丈夫，沒有男朋友，連女友都沒有。我獨自做這件事，所以絕對不是某某太太，可以麻煩你記得叫我欽小姐嗎？」

她喃喃道了歉，將收據遞給我。我走回椅子那裡時，那些「合法懷孕的」異性戀婦女在椅子上坐立難安、閃躲我的視線。她們的不自在簡直讓我樂不可支。那天後來，我接到一個女人的電子郵件，謝謝我挺身發言。她是四十四歲的蕾絲邊，因為體外授精而懷有身孕。她說她永遠無法那樣公開談起自己的歷程，可是聽到我在那樣的空間裡，以自豪的態度清楚說出來，讓她覺得自己不是隱形的。還滿諷刺的，她的短信讓我意識到，我竟然假設那間候診室的每個人都是異性戀，而我卻在抗議其他人對我做同樣的事。

不過，這個出櫃的過程持續下去，以我從未想像過的方式。檢查到一半的時候，醫療人員會問我和胎兒的父親是否正在禁慾，一般會建議前置胎盤的孕婦這麼做。醫院會要求在表格上填寫父親和母親的名字，而不只是交往對象。院方會建議你要求「他」做這個，或讓「他」參與那個，或跟「他」講這件或那件事。朋友和家庭成員會把我的捐精者說成寶寶父親，或是寶寶爹地。不留空間給決定單獨做這件事的女性。我註冊的三個網站——buybuybaby.com、target.com、babiesrus.com，全都提供了建議，關於你在準備「分享寶寶出生的喜樂」時，要跟你的伴侶一起做些什麼。

我發現自己再三反覆地說：「不，我是蕾絲邊，所以我沒有男性伴侶。是的，我是單身，所以我會獨自做這件事。而且我一定要強調，『獨自』不表示我沒有幫手。我想我那一大票朋友都會參與我們的親子生活。只是沒有父親、沒有伴侶、沒有丈夫、沒有情人，法律上的責任由我單獨承擔。」每天，我都發現自己需要申明這是個自主選擇，雖說有時我會心生懷疑或感到寂寞，但大多時候我都安然於自己選擇的道路。我必須向各式各樣的人保證，這個寶寶是有人要的，是被愛的，在尿布、管教和鼓勵的層面上會有充足無虞的供應，也會在我們不那麼傳統的家庭裡，擁有做自己的空間。

因為不管困難與否，共享喜樂或是獨自品嚐甜蜜的憂傷，我都在等待「他」的到來，準備迎接「她」的存在。身為單身黑人、自由業、態度激進、觀念先進的蕾絲邊藝術家，懷胎三十一週，懷的是她盼了十年以上的孩子——我清清楚楚知道，自己有多自豪、多幸運。那個奇蹟本身就值得慶祝，即使那份經驗令我頭暈目眩，甚至再經歷了一次出櫃的過程。

史黛西楊．欽／作家、口語詩藝術家、LGBTQ權益和政治運動者。出演過榮獲東尼獎提名的百老匯節目*Russell Simmons Def Poetry Jam*，以及眾多百老匯單一女性秀，包括由她創作的*MotherStruck!*。史黛西楊的寫作散見於*Essence*、*Jane*、《紐約時報》及其他許多出版品。她的詩作收錄在不少選集裡，包括*Skyscrapers, Taxis, and Tampons*、*Poetry Slam*、*Butterflies and Bullets*。她是單飛媽媽，和女兒住在紐約市。

暫且是個故事

珍羅里・葛德曼（Janlori Goldman）

沒有父親。我這樣跟你說過。
　到了二年級，朋友們都說
　　所有的孩子都有個父親，在某個地方，
說你騙人。生物學和
　爸爸之間的差異是？那個故事隨著你的成長
　　而成長，有如門框上

陳舊的鉛筆痕跡*。現在我告訴你——
我跟他在出差時認識。
到了早上，我們繞著亨利摩爾**
巨型大理石女人雕像們打轉。
在別的城市，我們碰面吃希臘菜，
四處閒晃。一場離婚。
他說他打算離婚。我說，
應該讓你知道。我打算生下這個寶寶。
我對你沒有任何要求。
我對開口要求一無所知。
我只知道，那份禮物在我身體裡，
即使他無意贈予。

他看著我毛衣底下的隆起——
你總是可以再懷一個。這個
會毀掉我的人生。毀掉我老婆和我。

我們正試著解決問題。
他需要我保住祕密，
我很確定

這條路只能自己獨行。
我同意父不詳的說詞，
在你的出生證明上只有××××××××。

＊這裡指的是標示孩子身高變化的標記。
＊＊亨利・摩爾（Henry Moore），英國雕塑家，以銅鑄與大理石雕塑聞名，擅長以抽象手法創作出軀幹空洞、斜倚的人物雕塑，被譽為二十世紀最偉大的雕塑家。

你還很小的時候，我給你這個故事：

有個朋友幫忙我。女人

需要精子才能做出寶寶——

以缺了一角的故事來說，

這故事再真實不過。到了十二歲，你問

你朋友叫什麼名字？

我忘了，我說。你聽出這是個謊言，

要求我把他的照片和名字

放進鋼琴長凳裡

那本封面有鏡子的紫色相簿。他數學好嗎？

我有哥哥或弟弟嗎？喝湯的時候，你說

他應該會想要認識我，
應該要跟他老婆說的——你不生氣嗎？
我以為我給你足夠的故事內容，
可是在護牆板底下，有根藤蔓不停竄長，
有如一個刺探的楔子。我告訴你，我現在很生氣。
因為不知道你會渴望填滿那個空白
用一連串×之外的東西。

珍羅里・葛德曼／詩人、教師、運動者，是*The Wide Shore: A Journal of Global Women's Poetry*的共同創辦人。著有詩集*Bread from a Stranger's Oven*與小詩集*Akhmatova's Egg*。她的詩作也曾刊登於*Cortland Review*、*Mead*、*Gwarlingo*、*Connotation Press*、*Calyx*、*Gertrude*、*Mudlark*、*Sow's Ear*、*Rattle*、*Contrary*。身為酷兒單身母親，珍羅里擔任人權律師將近二十年。她也是紐約的人權與公衛教授，在Memorial Sloan Kettering癌症中心擔任寫作指導志工。

你必須學習從桌邊起身離開，當愛已不再被端上桌。

——美國爵士女伶妮娜・西蒙（Nina Simone）

植物學與母職的神話

伊莎・道恩（Isa Down）

你怎麼成為單親媽媽都無所謂，重點在於你成了一個單親媽媽。已經成為、現在成為、你開始成為。你改頭換面。變形記*。你從動態的、繞著中軸旋轉的原子，變成宇宙軸心、核心、生命之樹。此刻，成為四周所有物質旋繞的中心。

植物學裡，緊貼（Adpresed）的意思是湊近另一個器官，但不密合。

*《變形記》是法蘭茲・卡夫卡（Franz Kafka）撰寫的著名小說，發表於一九一五年。故事敘述一名推銷員一覺醒來後，發現自己變成一隻巨大的甲蟲。

在母職裡，緊貼的意思是靠近另一個較小的嚶嚶啜泣的你，分享你的一切，而不要有身體的貼合（再也不要，如果本來有）。

你頭一次看到他——就是跟你一起製造生命的那個他——你覺得自己受他牽引，原子重新排列。你也緊貼在他身邊，盡可能湊近另一個呼吸中的人類臟器，而不跟他接合在一起。可是生命不需要密合，也能固定自己並生根——不管原子停止多久不動，或是你們四肢交纏躺臥的頻率有多高、間隔有多久——生命已在那裡種下，在你豐饒的沃土裡。

不久，你的身體透過胎盤臟器的樹狀分支，餵養另一個生命。細胞形成了脊椎，手指隨著心跳節奏展開。在子宮裡，血液咻咻流動，肌肉組成了搖籃曲。

你頭一次摟著他——這個你稱為孩子、小甜心、小心肝的他——是在夏季黏膩的熱氣裡，他呱呱落地的時候。你的小小水生動物離開了滿是水的家，進入這片乾燥不毛的地景裡。你成了蜜槽，奶似的糖漿又甜又黏，順著你孩子的下巴流淌。

你現在是中心，給予生命的人。

這份親職，是個豐饒的體驗。隨著你那小小孩兒每次抓取你的皮肉、頭髮或吐息，你汨出一滴滴的金光，恍如蜂蜜。你的細胞嗡嗡響著生命，好似填滿黏黏巢蜜的蜂窩。

可是對他來說不一樣——就是與你一起製造生命的那個他。他的毛細孔並未滲出金光，宇宙並未在他四周重新排列組合。於是，不管故事如何發展，那位父親終究舉步離去。從身上卸下了家庭單位，有如動物蛻皮，或是樹皮脫落。

當一股意外的強風襲向你的臉，或是肚子吃了一記，你倒抽一口氣，頓時虛弱下來。原本密合得太緊的地方，一旦太快拔離，就會出現顫抖的裂隙。他的缺席只留下，無數換不過氣的驚醒時刻。

你暴露在外。你失衡不穩，但依然挺立，堅定不移。

你可以向風屈身，但不折斷。說到底，你是宇宙軸心，你提醒自己——高大健壯，你的根一定要往深處挖掘。彷彿你有選擇似的。

不過，強韌的根系並不會讓你萬無一失。隨著這個蠕動不停的新生命所加添的重量，那個父親所留下的裂隙會變大。也許你的淚水滲透土地太深，你的根部在顫抖的泥巴裡搖擺。你覺得痛苦：「我現在太脆弱了。」你在夜裡輕聲呢喃，不針對特定的人。

即使是最弱的微風都可能讓你裂開。

律師、爭論、焦慮、憂鬱、遼闊未知，所有的鋪天蓋地而來；而原子、細胞、生命、呼吸和哭泣、輕薄發亮的白乳細絲，則從你身邊飛旋而過。這就是失去、幸福、恐懼和堅強結合起來的感覺。

也許，如果你把你的小寶寶摟得更近，你們兩人就會得到足夠的保護——足以提供庇護。

足夠。

恐懼揪緊你的力道，勝過你對土地的抓力。你覺得被擊敗，你生命滴落的甜美蜜汁變得濃稠、停滯。你覺得受到四面八方的重擊，彷彿站在懸崖頂端，強風撲向你的面龐，讓你難以呼吸。你的根部過度浸泡、滲透無力，你感覺唯一能讓你留在這結實土地上的，是那些攀上你四肢，令你窒息的那些討厭雜草。

可是，此時此地，還有另一個存在與你一起：寶寶傳來的微弱呼喊，隨著陣陣混亂的強風中傳到你這裡，召喚著你。你被喚醒了。

這種瘋狂壯了你的膽。於是你成為暴風眼，而混亂在你周圍製造地殼移動。

你抬起逐漸垂下、點個不停的腦袋，吐出烈火。這番騷動在你的骨子裡增添重量，母職擴張了你臀部的弧度，你有堅實的基礎，可以從那裡起步翱翔，壯起膽量。你冒出新芽，你的界限時時變動著，新的根從混亂的結構裡一根接一根冒出來。你剛烈兇狠。你是媽媽。

就是這個，在夜裡喚醒你、在你力竭時喃喃說著鼓勵的話，將你推過極限。它美麗、豐饒、充裕；它是笑聲、淚水、喜樂、羞愧、堅強和掙扎。它是力量。

你起而迎向這雜亂無序的人生：母職。

本文作者簡介請參見一百二十頁。

地心引力

金姆・艾東尼西歐（Kim Addonizio）

抱著女兒上床
我想起她過去多麼輕盈，
在懷裡有如穀殼那麼輕。
有一段時間我無法放她下來，
如果我試著將她從我身上撬開，
她會哭得驚天動地，於是我在
夜裡摟著她好幾個鐘頭，沿著走廊來回走動，
用念力要她入睡。她會安靜下來，

貼在我身上，她這個小小存在
對每個聲音都很警覺，會在我懷裡緊繃起來，她會
含著我的乳尖，仰頭盯著我，
眨眼抵擋疲憊
不管在我身體之外
她幽暗小床裡有什麼恐怖東西在等她
她都會將之擊退。她如此
沉重，我在她下方腳步踉蹌，
她輕易從我身上滑下，
墜入自己的夢鄉。我站在她床鋪上方，
定住不動，有如第二顆較黯淡的星辰，
雖然星辰並非定住不動：某人
曾經扛著我生命的重量。

金姆・艾東尼西歐／著有七本詩集、兩本小說、兩本故事集，以及兩本談論詩詞創作的書*The Poet's Companion*（與朵里安・勞克斯合著）與*Ordinary Genius*。曾榮獲美國國家藝術基金會及古根漢基金會的獎助金，以及兩次手推車獎，她的詩集*Tell Me*入圍美國國家圖書獎的決選清單。近期作品有*Mortal Trash: Poems*及回憶錄*Bukowski in a Sundress: Confessions from a Writing Life*，本書〈各式各樣討厭的事情〉一文取自此書。她也與詩人Brittany Perham合著一本小詩集*The Night Could Go in Either Direction*。本文則取自*The Philosopher's Club*一書。

精神病院

瑪莉・卡爾（Mary Karr）

護理師端了杯熱氣蒸騰的茶給我，並從她的抽屜拿來蜂蜜、糖包和小小的紅色塑膠攪拌棒。而這個小小的客氣之舉，讓我想拔腿衝出大門。我目前的心理狀態只能以野性不馴來形容。

她再次安頓下來，邊打字填表格邊問，你和你丈夫住同個地址嗎？

我們來來回回。我說，我們分居不到一個月。

到目前為止我都拒絕打電話給我丈夫，雖然我的治療師在安排我入院以前，打過電話給他。單是聽到瓦倫的聲音，就足以讓我受到罪惡感的重擊，而罪惡感來自於我讓他獨力照顧戴夫。

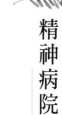

在療養院睡了十四個鐘頭後，醒來時發現嘴巴黏在一起。我床邊有雙綠色泡棉拖鞋，上頭有微笑臉龐的凸紋，這種設計似乎是某人犯下的可笑錯誤。我直接套了上去。我綁好院方給我的條紋病袍，然後笨重地走去接受我當初報到要做的治療。在護理站那裡，他們給了我紙杯跟雙倍劑量的抗憂鬱藥，讓我一口服下。

在交誼廳裡，我發現兩個女人在看益智比賽節目，音量大到刺耳。一個壯碩的女人摟著兩隻眼睛都不見了的泰迪熊。另一個女人四十多歲，留著一顆俏麗的鬈髮鮑伯頭，骨架嬌小、肌肉結實。

我叫提娜，她說，躁鬱症。

我叫瑪莉，我說，重度憂鬱症。

在電視上，一個女人選對了門，對著一套新寢具跳上跳下鼓掌。

提娜穿著單車短褲搭萊姆綠的條紋運動衫，袖子上有義大利國旗。她對另一個女士說，你想跟瑪莉說你的名字嗎？

我叫酒窩，她用小女孩的語氣說。她就跟羊皮紙一樣蒼白，軟軟的肉彷彿從袖子和短褲管流洩出來。

電視傳來叭叭聲。觀眾失望地嘆口氣。把你小熊的名字也告訴她，提娜提示著。可是酒窩只是用無眼的動物遮住自己的臉，然後默不作聲。我們應該要讓她加進來，不過，她不是人際關係大師戴爾．卡內基（Dale Carnegie）。她有多重人格障礙，提娜說，你平常健身嗎？

一聽，我哭了出來。

頭幾個星期，我時時淚眼婆娑。在我們家，我們連有人打牌作弊都會哭，可是眼下沒人打牌作弊，我依然痛哭流涕。願意聽我訴說憂傷的人，會聽我講個沒完，而每個當班的護理師都注定聽我盡情傾訴——主要是護理師馬麗。至少一天有兩次，我哭得死去活來。加上群體治療，加上院方一星期指派給我三次的心理醫師。最初的日子糊成一團，就像三溫暖烤箱裡的霧氣，我滿臉通紅坐著，不停擤著鼻子。

大部分我哭的是我住院為戴夫帶來的痛苦。我也為他爸哭泣，他對我的溫柔可能已經被我的小小黑心扼殺殆盡。而我陷入絕望的恐懼——現在我不只是個酒鬼，也是個瘋子——瓦倫會跟我離婚並且帶走戴夫。

瓦倫穿著卡其短褲，臉上掛著和氣睿智的表情，走進來跟社工和我會面，說想努力看看能不能用更好的方式愛對方，我則哽咽著對我倆的前景懷抱希望。我發誓永遠愛他直到生命終結。在我倆之間依然有個空白的時候，我是真心的。（說到這裡，我並不信任自己的記憶力，記憶中我倆並未有過這類長談；要是我們角色互換，我會堅持進行這場談話。）

他和戴夫每天下午過來，跟我在私人房間共進晚餐。他們抵達前我會哭，他們大步離開時我再哭一次。

那天下午，瓦倫和戴夫過來的時候，我單是看到他們，心中就湧現喜悅。瓦倫用一手撐開梯間的門，讓戴夫從他身邊溜過去，而那一刻泛著金色光暈，那是我頭一次對好事有意識地留下記憶。雖然他們下午的來訪總是一天當中的亮點，卻也固定會讓罪惡感的火山從我的腹部爆發。因為戴夫踏進病房區的時候，態度總是猶疑不決，戒慎提防的姿態幾乎像是軍人。（即使是現在，距離當時已十八年，他還記得那個地方有多可怕。）

戴夫一出生在感受上就大膽又篤定。關於一切，他幾乎都抱有自己的信念。身為新生兒，他的胃口已如豺狼。學步兒時期，在夫家吃茶點的時候，他還把拳頭伸進糖罐，翻倒了罐子，糖粉灑得到處是。當時惠特布列德太太怒聲說，在那棟房子裡沒有其他孩子曾干擾過茶會。其他孩子對著新食物皺起臉時，他卻偏好生魚片、韃靼牛肉配生洋蔥和蛋黃。他會敞開手臂接近流浪狗，以及全速奔入大海。但他也相當感性。（再過幾年，我會看到戴夫佇足在兩幅立體派畫作前許久——一張是喬治·布拉克〔Georges Braque〕的作品，另一張是巴勃羅·畢卡索〔Pablo Ruiz Picasso〕——並宣布說，我知道我應該更喜歡畢卡索，可是這幅更有力量。後來一直都是如此。）他對品味向來有自己的堅持。

那天在醫院，戴夫穿著夏威夷衫過來，看起來就像迷你邁阿密毒品販子。從瓦倫手臂底下溜進來的時候，那副小心翼翼的模樣，彷彿預期會發現敵對幫派份子手裡握著機關槍。

但這一次，我心頭並未掠過顧慮或愧疚，我把這個視為他人生中不計其數的時刻之一，伴隨著愛、好奇與欲望的感受。因為熱氣，他的鬈髮邊緣濡溼。我將他往上抱起，吸進他髮間溼土的氣味，他往我臉頰送上一枚乾糙的吻。我放他下來，跟瓦倫打招呼，瓦倫捧著咖啡托架，上頭有兩杯熱氣蒸騰的咖啡，抓著捏皺的紙袋，裡頭有酥皮點心，勉強保持平衡。他的白襯衫捲到手腕那裡，露出棕色前臂的輪廓。他把咖啡挪到身側，彎下腰，好讓我吻他。在他心事重重的表情裡，是無盡的溫柔。我將嘴唇貼上他方正的下顎，嚐到他活生生的鹹味。

幾分鐘過後在廚房裡，啜飲第一口濃稠的咖啡，一絲鮮明的滿足感湧了上來。我想起自己最初戒酒時，有過幾個類似的時刻。

其實，沒有任何事情有所改變。我婚姻的不確定性依然存在。不過，有些平穩是在的，彷彿胸口的某個水平線已經停止無盡的搖晃，並且找到了它的平衡點。

瑪莉・卡爾／作家、雪城大學文學教授，著有三本暢銷回憶錄：*The Liars' Club*、*Cherry*，及本文的出處*Lit*。也是知名詩人，著有五本詩集，包括二〇一八年出版的*Tropic of Squalor*。

持續害怕，但還是義無反顧去做。重要的是行動。你不必充滿自信。只要去做，自信最終會隨之而來。

——美國演員嘉莉・費雪（Carrie Fisher）

餘留的東西

潔米・席頓（Jaimie Seaton）

「這些東西你想怎麼處理？」

我往盒子裡一瞧，摸摸那塊奶白色布料，上頭印有深綠色的樹木與葉子，一個穿著傳統中式長袍的男人在藤蔓上搖盪。我想起我們在泰國的日子。當時我仔細挑了這塊布，請人客製床單：箱式褶床裙、兩個長方形大枕頭及兩個枕頭飾套。

「這些要放到雙人床上。」我回答。

我頓住，想到我前夫漢斯上週末才把大床搬到紐約。留住它們也沒意義，我永遠都不會再用了。

「放進這個箱子吧。」我說，吐口氣。

我僱請馬克，我青春期女兒的男友，來做這份詭異的暑期打工——幫我整理婚姻的殘跡。這個工作我已逃避三年了，打從我跟兩個孩子從豪華的殖民風格鄉間宅邸，搬到市區的小樓中樓算起。漢斯兩年前為了另一名女人——當時懷了他的孩子——離開我，粉碎了我們的家庭。

一個裝潢更單純、整體而言更樸實的家，給我和孩子一個嶄新的開始。不過，我還沒準備好放掉我在經營這個完美家庭的過程中收集的寶貴物品，至少，還不想放棄一個家庭的形象。於是當我們搬家時，我把用不到的華麗配備，放在地下室的箱子旁，然後盡可能忘掉它們。

年復一年，我和孩子們把越來越多東西——乾涸的花卉、縫紉作業的剩料、萬聖節的扮裝、新的吹氣聖誕老人，都丟在那些箱子上，把一層層新的記憶，加在底下那些舊物之上。我下樓洗衣服或拿吸塵器時，那些箱子成了揮之不去的負擔。不管我把屋子其他區域打理得多麼完美，地下室還藏著苦惱和失序，就像是屬於我的誇大版「格雷的畫像」*。

前一年夏天，我意興闌珊地嘗試清理地下室，卻只是短暫打開箱子，將內容物草草記在箱子外頭。有些已經分類過：書本、我祖母的那套利摩日瓷器、中學的照片、孩子們以前在學校的作品。不過大多數都以黑色粗體字寫著「需要整理」，裡頭放了令人多愁善感的紀念物：在南非的一場浪漫戀情、孩子們的出生、在亞洲的幸福家庭生活，以及最後的離婚文件。

一年之後，克莉絲汀問我有什麼零工可以給馬克做。這可能正是我所需要的，我暗想：一個中立的存在，迫使我必須做我不想做的事；而我必須付他錢，這還更好。在這件工作上花錢，會讓我有所克制：我不會浪費時間重溫我婚姻中的每個時刻，如果鐘點計時器一直在跳。

足足三天，我和馬克通力合作，將那些箱子拖到車庫那裡，撥出空間，用吸塵器吸掉蜘蛛絲，並將物品塞滿在貼有「救世軍」**或「垃圾」標籤的袋子，以及標有「漢斯」的箱子裡。我們搬開家具，叉起手臂站在那裡，審視那個空間，評估用什麼方式整理剩下來的東西會最好。我們把不值得留存的物件塞進我的後車廂，由馬克開車載它們去垃圾場丟掉，我則留在家裡的地板上，迷失在回憶中。

有時候，我正值青春期的孩子也會出一份力，我們邊笑邊讀他們幼年時寫的有趣詩作，或是對著他們原始的美勞作品滔滔不絕。第二天，我們坐著整理時，我舉起一件柔軟的扣領襯衫，上頭是褪色的藍白格子。

「這個不要了。」我說。

「這是什麼？」克莉絲汀問。

「你爸在我們頭一次約會穿的襯衫。」我回答，想起當時我們開著他的褐紅迷你Golf車，在約翰尼斯堡沿著揚史末資路（Jan Smuts Road）奔馳，滿懷緊張與期待。

她伸手要拿襯衫。

「我要。」她說。

我遞過去的時候，想起了那只鑲著點點鑽石和祖母綠的花卉戒指，我一直收在床頭櫃。我父母離異多年後，我母親把這枚戒指送我，描述當

＊典故來自英國作家奧斯卡・王爾德（Oscar Wilde）的經典小說《格雷的畫像》。故事敘述主人翁格雷的真實變化，逐漸轉移到他的一幅肖像畫中。

＊＊這裡指的是國際慈善組織「The Salvation Army」。

初我父親在他們新婚不久，就給了她這份驚喜。我後來跟父親問起這枚戒指，他臉上浮現惆悵的神情，說有天傍晚下班後，他路過一家商店櫥窗，注意到這只戒指，因為覺得漂亮就隨手買下來了。這對一個男人來說是個溫柔衝動的舉措，雖然他個性本非如此。我很難想像我所認識的這個男人——我兒時就寢時間一到，會檢查我當天早上鋪好的床，如果塞進床墊下的床單褶角不是完美的四十五度，他會扯掉床單，逼我重鋪一次的人——竟然會為我母親做這樣體貼的事。那枚戒指、它的起源，都安慰了我，並給我一丁點具體的證明：我父親不是一直都像個怪物；他的殘酷底下深處，是個有能力愛人、懷抱青春奇想的靈魂。

漢斯並未扯掉我們的床單，但他無情撕裂了我們的生活。也許程度更甚於我，我們的孩子必須弭平這兩者間的差異：他們深愛的父親（曾經如此溫柔地對待他們），以及那個令他們心碎的男人。克莉絲汀收下那件襯衫，或許是想消除她記憶中我發怒的情景，並尋找我曾如此深愛她父親的證明，也就是收藏他那件褪色舊襯衫長達二十年之久。

那年夏天在馬克的協助下，我先丟著工作不管，獨自花了好多時間，跪在我弄園藝時用來保護膝蓋的鋪墊上，伏在地下室水泥地板上的那些箱子中。隨著每樣物件的整理，我變得更輕盈。我開始執迷於完成這項工作，強迫自己游過這片海峽，這樣就能抵達療癒與重生的遙遠岸上。

我前夫從紐約上來過週末時，我在車道那裡迎接他，拿著透明塑膠袋裝著的那組泰國床單。

「這是你上週末拿走的雙人床在用的。」我說。

他看著床單，什麼都沒說。

「你把那張床拿去她家了，對吧？」

「對。」他回答，不帶感情。

「我無法想像你們兩個為什麼會想睡我們的床，不過如果你們想要，可以用這組床單。」我把它們放進他手裡。「我清理了地下室，你這週末必須把你的所有東西拿去租用倉庫。」我邊說邊走到房子那裡。

後來，那天下午，我看著他和馬克把東西裝進搬家貨車：在新加坡一時興起買的俄羅斯手工絲毯、我們主臥室的綠檯燈、非洲面具、裝框的藝術作品。在一起將近二十年期間所蒐集的物品，已經成了沒價值的零碎雜物。

接下來幾天，有件事一直糾纏著我，就像你知道自己忘了某件事，卻想不起是什麼那樣。然後，我明白缺了什麼，那就是過去在我腦海裡無情反覆播放的聲音：斥責我，懇求我去清理地下室的這個聲音，已經戛然停止了。由別的東西取而代之——安靜的喜悅，甚至是勝利的感覺。

我們利用地下室多出來的空間，為我兒子布置了藝術工作室。他工作的那張白桌上，現在高高堆著碎布、紙張、顏料、小撮苔蘚、一張張厚紙板。隨著那疊東西變得越高，我漾起笑容，想到這其中含藏著快樂的新回憶。

我女兒現在離家上大學了。她在家的最後一夜，就穿著她父親在我們首次約會時所穿的那件褪色藍白襯衫。

潔米・席頓／擔任自由記者超過二十年，是兩名美好青少年的單身母親，常常撰寫關於親職、約會和關係的文章。作品散見於眾多出版品，包括《衛報》、the Establishment網站、*Glamour*雜誌、《華盛頓郵報》。可以到推特（@JaimieSeaton）追蹤她。

看起來會像是夕陽

凱莉・桑伯格（Kelly Sundberg）

「都是你害我打了你的臉，」他哀傷地說，「現在大家都會知道了。」

我當時二十六歲，我二十幾歲的大半時光耗在青春中，遲遲不願長大成年。而他二十四歲，享有玩咖的名聲。懷孕是個意外，我們在四個月後成婚。

我的肚子因為寶寶而外凸繃緊，四肢也開始笨重起來。我時常在一張二手長沙發上打盹，夏季熱氣讓我頻做惡夢。我夢見有個女人盯著我，漂浮在房間角落，我醒來的時候，心跳飛快。有天下午，公寓的門開著，有隻蜂鳥飛進來，到角落的窗戶那裡，撲打著玻璃。小鳥驚慌失措，急著想把窗玻璃變成天空。我用雙手捧住蜂鳥——牠的心臟抵著我的手掌怦怦跳動——帶到門前階梯那裡將牠放走。

他們說屋裡有小鳥是個預兆。意思可能是懷孕或死亡，或兩者皆是。

八年後，警察來到我們家門口。年輕的那個警察問起我的腳，我說並不痛。我跟他說沒什麼大不了，不過當他跟我要駕照時，我一站起來才發現無法走路，我的腳腫得跟足球一樣大，而且正在流血。卡力柏拿碗砸我的腳，碗都碎了，而且不是我形容的那種小碗，是共食用的笨重大陶碗。我必須穿軟靴一個月，也要打破傷風。我的腳板上方永遠都會有一道疤痕，有如紅星竄過。

在我們的關係初始，我會在他樹林裡的小屋過夜。室內沒有供水系統，要上小號，就得自己出去。地面上鋪滿了雪，冷颼颼，我不想一路走到屋外的廁所，索性繞到房子側面，在月光中蹲下如廁。月亮將積雪化為百萬顆星辰，我的溫柔戀人暖烘烘地沉睡著——如此幸福。

我們並不想在教堂舉辦婚禮，但雙方家人卻堅持如此。讓婚姻神聖的是信念。讓人們在一起的是信念。

對於這麼倉促就要嫁給他，我也曾心懷疑慮。有時候，他會消失一整個星期，回來時連連道歉，渾身酒味。他的朋友們會互換眼神，表示他們知道我有所不知的事。有個朋友曾玩笑似地說，「卡力柏當初怎麼約到你的啊？」這種問題出自一位朋友，感覺滿怪的，可是我以為他們習慣這樣互相調侃。

我一認識他，就被他迷住了。我的閨密說：「你會愛上卡力柏的，他住在自己打造的樹林小屋。」我以前是野地巡邏員，粗獷和孤獨對我頗具吸引力。卡力柏會寫作，個性幽默。有一天，他在床上開玩笑地說我們的饒舌藝名要叫做什麼，我說我的會叫「了不起的負鼠」。他即興演出一首叫〈進我的肚囊來！〉的饒舌歌而我嗤嗤笑個不停，我從未遇過像他那樣能逗我笑的男人。

我對他懷著真愛，而且我不想當單親媽媽。

年輕的警察告訴卡力柏，「去你父母家，離開個兩、三天，等情勢冷卻下來。」

年輕警察告訴我，「不要緊，我跟我老婆也打架，狀況會變得很誇張。有時候你們只需要分開一下。」

我點頭表示同意，可是我想問，「你也揍你老婆嗎？」

我們的兒子滿兩歲以前，我們搬到卡力柏的家鄉，西維吉尼亞州。他想離家人更近，那裡的工作機會也更多。他父母有一間出租用的房子，願意賣給我們。這次搬家有不少理由頗具說服力，可是一旦到了那邊，我唯一的朋友只剩他。那種寂寞逃避不了。這很常見，我告訴自己。我爸媽結婚三十多年，我不記得我父親有過什麼親近的朋友。我告訴自己，對我來說，身邊有他就夠了。

年紀較大的警察看到我腳上的浮腫跟瘀青，腳趾腫得像小小的臘腸串，表情驚愕起來。「狀況滿糟的，看起來斷了，」他說，「女士，有能聯絡到你先生的電話號碼嗎？我們需要他回來一下。」

他們到外頭等候。我打電話給卡力柏。「抱歉，」我說，「他們要逮捕你。」

他說他早就知道了。

他們逮捕他的時候，他沒掛斷電話，好讓我聽到。我並不想聽，但就是忍不住。「她有沒有打你？」一個警官說，「因為我們也能逮捕她。」

卡力柏如實回答，他說沒有。

我們在一起將近兩年後，他開始對我暴力相向。起初他推我去撞牆；再過兩年，他開始動手打我；再過一年，他對我動手動腳。事情發生得如此緩慢，接著又如此飛快。

年紀較大的警察逮捕卡力柏，年紀較輕的警察則陪我等待急救護理人員抵達。「他會丟掉工作嗎？」我問。

「不會，可能不會吧。」他說。

「他會離開我嗎？」我問。

「你沒有做錯什麼。」他說。

我希望他能擁抱我，這樣我就能把臉藏在他黑色制服的衣褶裡。但我癱軟在搖椅裡。

「他會離開我。」我說。

曾經有個上了歲數的鄰居開始失智，有天晚上，以為有個男孩躲在她床底下，於是卡力柏陪她過夜。卡力柏部門的行政助理有個孩子須移植心臟，卡力柏到助理的家，幫忙在他家地下室鋪設木頭地板，好為那個小男孩搭建一個遊戲室。我爸的家需要幫忙裝新窗戶，或草坪需要除草、木柴需要劈砍時，卡力柏總是隨傳隨到。我很感激能嫁給這樣慷慨付出時間、這麼有愛心的人。

年輕警察叫了救護車。急救護理人員看了看我的腳。他們沒問發生什麼事，只是告訴我，看起來滿糟的，可能斷了。他們問我想不想送急診室，但我拒絕了，於是他們囑咐我自行就醫，並要我簽署一份免責聲明，要是我後續沒得到照護，他們沒有責任。然後我們家就只剩我一人了。

我們搬家兩年後，我開始上研究所，終於交到幾個朋友，可是跟她們相處起來很難。我必須說謊：我的手臂被門夾到；我被地毯絆倒，臉撞到桌子；我不知道那個瘀青哪來的，我想是睡覺的時候弄到的；我想我有貧血，隨便就瘀傷。

有一次，卡力柏對我說，「你可能希望有人能想通，那些瘀傷是哪來的。你可能希望有人知道，這樣事情才可能有所改變。」他說的時候，神態如此悲傷。

他被逮捕之後，我有好幾天都處於否認狀態，跛著腳走來走去，直到一個放心不下的朋友催我去檢查腳。

我在緊急護理中心覺得很難為情。我告訴護理師，「不要緊的，他已經被逮捕了。我什麼都不需要。我安全了。」可是他似乎不相信我。

即使我堅持說我能走路，護理師還是要我坐輪椅，醫生碰觸和轉動我的腳時，動作如此小心翼翼。出於某種被誤導的衝動，我差點脫口喊出「媽！」可是我都三十四歲了，我和母親之間隔了那麼多座山脈的距離，她不可能救得了我。

卡力柏想要改變。他接受心理治療，也去上憤怒管理課。他做對了一切。我們是盟友，我們會一起合力解決問題。

在我們結婚六週年不久，他開始服藥。每次對我暴力相向後，就會去找精神科醫師，醫師則會加重他的劑量。我以為精神科醫師治得好他。

服藥的時候不該喝酒，但他還是喝了。有天晚上，他陷入恍惚，盯著某個東西看。「你在看什麼？」

「我自己，」他說，「那是我，坐在那張椅子裡。」他指著房間對面那張空椅子。「那個我在嘲笑我。」他的眼神充滿困惑、悲傷。

「你在操控我嗎？」我擔心地問。

「操控你的不是我，」他說，再次指向那張椅子，語氣有了活力，近乎誠摯，「操控你的是他，不是我。」

我好疲憊，不知道要說什麼，「你應該上床睡了。」

他的眼神從悲傷轉為盛怒。他站起來走到樓梯那裡，然後轉向我並說，「我希望你染上披衣菌，死了算了。」

離開他之前不久，我跟一位輔導員說我丈夫打我，並讓她看我的瘀青。她摟著我，讓我在她懷裡哭泣。然後我告訴一位密友，說他對我大吼大叫，罵我難聽的話，不過我沒跟她說他會動手揍我。

我的輔導員說：「你把他說的話都聽進心裡了，反覆再三播放。你必須讓那個聲音停下來。」

可是我就是辦不到。我耳畔會反覆響起：

你是個他媽的婊子。你是個他媽的婊子。你是個他媽的婊子。你是個他媽的婊子。你是個他媽的婊子。你是個他媽的婊子。你是個他媽的婊子。

然後他的聲音變成了我的聲音：

我是個他媽的婊子。

「你不能拿我發瘋時說的話來怪我，」他說，「那樣不公平，那又不是我的真心話。」

在緊急護理中心那裡，醫生說：「這個傷要許多時間才能復原，久而久之顏色會變，看起來會像是夕陽。」我開車回家的時候，再三聽到那些話：

看起來會像是夕陽。看起來會像是夕陽。看起來會像是夕陽。看起來會像是夕陽。看起來會像是夕陽。看起來會像是夕陽。

我下不了決心一走了之，卻變成「旅客之家」連鎖旅館的常客。我總在早晨以前回到家，留著旅館卡式鑰匙以防萬一，然後爬上床，用雙臂環抱卡力柏的背。平日顧慮的種種事情讓我舉步不前——擔憂我們的六歲孩子、錢、要住哪裡、愛。我當時依然愛他。我告訴自己他終究會好轉。

無論是在生病時或健康時。我在愛達荷州那個小教堂許過婚誓，當時我倆手牽手，陽光透過彩繪玻璃照進來，春天的紫丁香在外頭盛放。卡力柏只是病了。

他只打過我的臉一次。紅色瘀傷在我臉頰綻開，我的眼睛裂傷，泪出分泌物。事後，我們兩人坐在臥房地板，筋疲力盡。「都是你害我打了你的臉，」他憂傷地說，「現在大家都會知道了。」

他被逮捕前的一個月左右，我以為我因為壓力大而掉頭髮。淋浴時，紅色髮綹在我腳邊的水裡浮游，一團髮絲卡在我的手指上。無所謂，反正我已經很多年都不覺得自己漂亮了。

我將洗髮精搓進頭皮時，皮膚很柔軟。我這才意識到，我不是掉頭髮。頭髮是被他扯掉的，而我甚至感覺不到。

他打我的時候，我會躲進洞穴裡。我會蹉縮進入自己的身體裡，像隻蛞蝓，然後潛入深邃的黑暗中，在那裡我什麼都感覺不到。我可以聽到他的聲音、他的拳頭，聽到他打我腦袋側面時，我耳朵的爆響。我聽到自己的尖叫。

在那個洞穴深處，即使事情正在發生，也不是真實的。

真實是：我們躺在床上，兒子在我們中間——我的腦袋倚在丈夫肩上，他的頭靠著我的頭——而我們的兒子說：「全家窩在一起。」

「我明明不是會對女人動手的那種人，」他說，「所以一定是你的關係。把我內在這種東西引出來的，是你。如果我跟別的女人在一起，我就不會像這個樣子。」

卡力柏扯掉我頭髮的同一個晚上，他猛搥我的脊椎，力道大到我的身體往後弓起，彷彿遭到電擊。我被狠狠震出了洞穴。他又猛搥一次。「不要！」我放聲尖叫。我保護不了自己。

我唯一的保護是黑暗——把感覺斷開。他扯掉我頭髮我沒感覺，可是當他猛擊我脊椎的時候，痛感過於強烈，我身體的那個部分太過脆弱，使我無法蹉縮起來。我無法用雙臂環抱身體。

我在場目睹眼前發生的事情。我一時暫停呼吸。他頓住動作。

彷彿他也感覺到我的在場，然後他停了下來。

在那些時刻裡，我對他來說並不是人類。

他從未強暴過我，還好。

他被逮捕後兩天，我離開了他，但我還沒準備好。依然還沒準備好。

其他人喜歡與我們夫妻共處。我們笑口常開、互相尊重、支持對方的工作。我們有同樣的愛好：煮泰國菜、在客廳舉辦即興舞會、馬拉松式的追著看影集《勝利之光》。我們總是找時間在晚上約會。我們曾經到希臘、紐約、冰河國家公園度假過。白天上班期間，我們會互寄搞笑影片。才離開家門五分鐘，他就會從車上打電話給我，只是為了聊聊。

我離開他的那天，我打電話給蕾貝卡，她是個善良且寬容的朋友，我知道她會願意幫忙。打那通電話並不容易。

她跟她的伴侶住在一起，他們讓我和兒子借住一個月，直到我們找到自己的地方。我跟她只認識一年多一點點。我跟她說起挨打的經過：我試圖打電話求救時卡力柏摔壞我的手機，然後他怎麼扯著我的腳踝，將我從床底下拖出來；我在他發狂的時候，躲在衣帽間發抖，而他總是會找到我，沒有地方對我來說是安全的。

當我在她眼中看見恐懼，才明白事情的嚴重性。

我約會過的人裡面，他是最溫柔的一個。我愛他柔軟的雙手、他的擁抱、他善良的心。

他寫情書給我，揉捏我的雙腳，帶我出去吃午餐，一早陪兒子起床，好讓我多補些眠。他照顧我。他善待我的頻率，多過於惡待我。

有時，當我獨自煮晚餐，還能感覺到他以前在我攪拌鍋子時，將頭靠在我肩上的情景。他會將我轉過身，吻我，告訴我他有多愛我煮的飯，說我有多美麗，而他有多幸運。

感恩節那天，卡力柏帶兒子去參加他的家族年度感恩晚餐。他們圍著那張我以前吃過好多次飯的餐桌，享用火雞和餡料的時候，我跟著蕾貝卡回到家，在洗衣籃可容納的範圍內盡量放東西進去，然後塞到車子後座。我把兒子的樂高打包起來，也帶了足夠的毯子好席地而睡，還有我上班穿的衣服；不過，會引發愁緒的東西我一概不帶。我們的婚禮照片留在桌上，玻璃已經破了。我曾扔到地上過。

打包完之後，我和蕾貝卡在一家與賭場相連的中式自助餐廳用餐，因為這是三個郡裡唯一還營業的地方。「未來」聳立在我面前，有如一個裡頭充滿飢餓寂寞人們的自助餐廳。

和卡力柏的合照裡，我最愛的是一張在奧勒岡海岸伊科拉州立公園的自拍照。當時我們沿著陡峭的山徑往下健行，停下來吃燻鮭魚和貝果當中餐，最後到了一片海灘。海潮很低，岸邊散落著點點沙錢*，我們像獎品一樣把牠們撈起來。我們拔腿奔入浪濤裡。我們擁抱。在照片裡，我們

*沙錢，一種海膽綱的海中生物，外形多呈圓盤狀，彷彿一個銀幣，因而得名。

滿面笑容，腦袋緊緊貼在一起。

我現在看那張照片時會納悶，「這些人在哪裡？他們去了哪裡？」

我們右邊有個洞穴。我想進去，不過潮浪即將湧進來，我怕被困在裡頭溺水。

離開卡力柏半年後，我回愛達荷的家過暑假。之後，我就要搬到另一個州。結束了。家暴庇護所的輔導員以我為榮，有好多女人永遠走不出來。我並不覺得自豪。我並不想走出來。我想繼續跟卡力柏共舞，繼續傳滑稽的電子郵件給對方，繼續讓兒子夾在我們之間互相依偎。

有時候，我依然希望他會求我讓他回到身邊，希望他承諾說他會改變，真正地有所改變。但這件事遲遲沒發生。即使他永遠不再動手打我，我的身體永遠會記得朝我背部襲來的那個拳頭。

在愛達荷州，這裡是我跟卡力柏相遇，也是我們生下兒子的地方。

我在陽光普照的街道上行駛。那邊那間公寓，卡力柏當初在沙發上坐我旁邊，緊張地用手抹過額頭，吞吞吐吐說：「凱莉，我想娶你。」

那邊那棟房子，我們的寶寶睡在床邊的籃子裡。寶寶哇哇哭，我餵他喝母奶的時候，卡力柏摟著我的腰，鼻子蹭著我的頭髮。

那裡有條河畔步道，我們推著娃娃車，幻想等我們有了錢，要買什麼樣別緻的房子。我們的學步兒朝著河裡丟小樹枝，卡力柏一把抱起他，頭下腳上抱著，三個人一起咯咯笑。

那裡那條河流，冬天的時候，我們的狗不小心滑到冰上，跌落冰水裡，卡力柏趴在冰上伸出雙手要拉狗。我當時驚恐地看著，「我不能你們兩個都失去！」我放聲尖叫。

我納悶，要是我們當初留在愛達荷州，會發生什麼事。

不過，那裡也有棟房子，在那裡，他首次推我去撞牆，把我逼進角落裡，亂砸我們寶寶的搖椅。他把搖椅碎塊放進路邊垃圾桶，我在窗邊痛哭的時候，鄰居擔憂地站在門廊上觀望。

在同一棟房子裡，母親把我帶到後院，並說：「聽著，我有朋友離開了老公，我也見識過另一邊的情況。在另一邊並沒有更好。你努力試試。在放棄以前，先努力試試。」

我這麼努力試過了。

凱莉・桑伯格／著有回憶錄*Goodbye, Sweet Girl: A Story of Domestic Violence and Survival*，二〇一八年由HarperCollins出版。她的散文也曾發表於*Alaska Quarterly Review*、*Guernica*、*Gulf Coast*、*Denver Quarterly*及其他文藝期刊。她得過以下單位的補助與獎助金：A Room of Her Own Foundation、Dickinson House、Vermont Studio Center、美國國家藝術基金會。她擁有俄亥俄州的創意非虛構博士學位，目前在那裡擔任客座助理教授。

我離開了我丈夫，可是留下傷痕累累的照片。我把它們放在皮包裡，這樣我就永遠不會忘記，也不會軟弱下來。

——ESME社群裡的單親媽媽麗莎．里察森（Lisa Richardson）

蟬

蕾秋・傑米森・韋伯斯特（Rachel Jamison Webster）

鄰居給我琴酒和橄欖
我全潑在了李維斯牛仔褲上。
我覺得自己像真正的大人，我說，然後笑著
納悶會發生什麼事，
我做出的選擇
將如濃縮蛋白質所組成的
甲殼，在我人生的四周
固化起來。女孩們

沿著人行道溜著滑輪
找到了三枚蟬殼，她們將蟬殼黏在
自己的棉衫上。最大膽的那個女孩——
之所以大膽是因為她被忽略了——壯膽
咬下一枚蟬殼上的腳，
然後嚼了嚼。嚐起來如何？我問。
我覺得什麼味道都不像。
她說，思索著，然後直視
我的眼睛，問我是否覺得驚訝。
不會啊，我說，我只是在納悶
如果你現在就這麼大膽，你的人生會是什麼樣子。
她九歲，踩著滑輪顯得更高。
我知道她看得到古老且奇異的東西
而且想要吸收到身體裡，提煉出精華
直到她掌握它所知的一切

直到她解開人們稱之為他者
的彎殼與爪子。我沒說
我又成了她，朝風滑著遠去，
而這個成人也是跟著父母
在草坪上喝琴酒。
她父親正在談昆蟲
的營養濃度——我們應該
如何運用它來解決
世界飢荒問題——
她母親則在回想新婚的兩人
當初在波科諾山
一間寒酸旅館的婚禮之夜，
當時他們餓到最後只隨便點了
披薩。我不敢相信我再次孤伶伶
就像沒有完整一套皮膚的人。

我在毛毯上坐下，
找到了一枚翅翼，脫離身軀，
好似鉛條鑲嵌玻璃一般有細紋和片狀。
那個形狀是用來劃開空氣，在空中飄遊時
抬起帶殼的身軀
我從上頭撥下發亮的一小片，
黏在耳後，
因為之於我，
它對飛行的記憶
似乎值得保護，
似乎再重要也不過。

蕾秋・傑米森・韋伯斯特／在西北大學指導創意寫作課程、詩歌和非虛構創作。著有*September: Poems*、*The Endless Unbegun*、*Mary is a River*，以及小詩集*Hazel and the Mirror*、*The Blue Grotto*。作品見於幾十本選集和期刊。她跟女兒住在伊利諾州的埃文斯頓。

我的離婚之書

艾米・波勒（Amy Poehler）

我明白為何大家要讀這麼多談離婚的書。因為辦離婚的過程中，你會覺得孤單得不得了，可是社會又時時提醒你，離婚這種事有多頻繁，也變得有多普遍。你不被容許覺得自己是特例，沒人理解你個人獨有的痛苦。想像一下，把你在乎的一切，全攤在毛毯上，然後將所有東西往上拋到空中。離婚的歷程就等於在那條毛毯上放滿東西，往上一拋，看著它打轉，然後擔心落下時有什麼東西會摔破。難怪我們想找答案和慰藉。

我不想談我的離婚，因為太悲傷且太個人。我也不喜歡讓別人知道我的破事。隨意提幾件事就好。我和前夫威爾非常照顧孩子，我以這點為傲；他是孩子們的父親，我對此非常感激。我不認為一場長達十年的婚姻可以跟失敗劃上等號。雖說如此，離婚這種事還是爛透了。但是誠如一位好友說的，「離婚總是好消息，因為沒有一場好婚姻會以離婚告終。」

任何痛苦的經驗都會改變你看待事情的眼光。也會提醒你那些簡單的真相——也就是我們每天刻意忘記，不然無法下床的那些真相。像是，沒有東西可以永遠持續下去，任何關係都可能結束。最棒的情況是，你對自己的能耐可以有更多認識；透過痛苦，可以保持柔軟。也許你會覺得智慧稍有增長。也許你的經驗對其他人會有幫助。把這點放在心上，這裡有一系列離婚書籍，是我想提案給你和我的編輯，作為往後討論之用。複查之後，我發現我的書名結尾都有驚嘆號，可是我想大家都想在自己的書名裡加上驚嘆號，所以我不覺得我有什麼不對！！！！

1 我想要離婚！明天見！

如果你孩子還小，你就能讀懂這本書。這本書處理的重點是：孩子還小就離婚的人，大多必須天天碰面。任何稱職的父母都會努力把孩子的需求擺在前面，所以這本書會教你，怎麼在長時間的激烈爭吵後，同一天依然結伴參加孩子的生日派對。你二十出頭，近來才透過Skype跟人分手嗎？這本書不適合你。你是否成功閃避你前任半年，除了在你朋友藝展開幕時險些狹路相逢？這本書不適合你。你是否透過別人得知，你前任正在替「國際仁園家園」蓋房子，你翻翻白眼，這整件事聽起來假惺惺得要死，然後嘆口氣，因為你並不想念他，卻喜歡跟他的狗一起玩？這本書不適合你。這本書適合的對象，是那些必須一起工作，或一起生活、共同扛起親職並一面辦理離婚的人。

書中的章節包括：

・假笑

・有最後決定權有多重要？
・看完心理醫師回家路上的電話
・大家都該停止買玩具

2 快點看開吧！（但也不要太快！）

正在經歷離婚的創傷和風波時，你會學到誰是你真正的朋友。他們會引導你、照顧你，將你從最黑暗的日子拯救出來。問題是，你也必須跟其他人談這件鳥事，而通常是你不在乎或不喜歡的人。通常這些人一開始都很有興趣，接著必須各自返回原本的生活，希望你也能一樣。這本書會提醒你，即使你依然陷於痛苦中、還在過渡期，但其他人已經往前走了，他們對你的狀況會有點膩。這本書是為了提醒你，除非你和前任配偶吵得不可開交，或是牽扯到新男友和女友，否則大多數人們並不想再多談。這本書也會教你，你必須往前走，但不能操之過急。這本書會提醒你，你可以陷入低潮，但看在老天的份上，請振作起來。你必須在對的時間點露出難過的樣子，要不然其他人會覺得你很怪。你也必須能在他們邀你參加的派對上，表現得很正常。

書中的章節包括：

- 她哭得不夠
- 我覺得他是同性戀
- 這樣的你照樣要付超速罰單
- 抱歉打斷你，可是你覺得你什麼時候才能看開？

3 離婚：不要染上離婚病的十種方法！

離婚會傳染！你沒聽說過嗎？就像癌症，只是更糟，因為沒人真心替你那麼難過。這本書會教你怎麼跟最近結婚的朋友討論你離婚的事。當你談起自己離婚，有些已婚夫妻會大驚失色，然後總是喜歡告訴你，他們絕不會踏上離婚這條路。通常他們會強調，自己正努力接受心理治療、無法忍受獨處，或是徹底接受無性無愛的死去婚姻。他們站在你面前，大談自己的婚姻關係一直都很美妙時，這本書會協助你不要掐死他們。這本書也會幫你面對喜歡窺探離婚的朋友，就是想聽每個細節、透過你間接體驗離婚生活的那種人。這本書會給你指引，該怎麼談你的離婚，不至於讓人覺得那是人人想試穿的花俏皮草大衣，之後卻萬分嫌惡地拋回來還你，因為他們永遠不會穿這麼下流的東西。這本書還附有插畫（幸福伴侶面露同情看著你），以及一些奇怪的警句，暗示著比起留在不幸的婚姻裡，離婚更簡單。

書中的章節包括：

- 離婚不在我的選項裡，不過，我為你高興
- 少來，誰沒出軌過？
- 我就是不能那樣對我孩子
- 也許你們只是需要在週末去奧哈伊度個假

4 嘿，女士，我並不想上你的老公

不久前才離婚，頭一次單槍匹馬去參加婚禮？這本書正適合你！你會因為身邊沒伴，碰上奇怪的目光及醉醺醺的控訴，這本書裡有應對的方法。你會找到訣竅，溫和地跟女人們說，你並不想上她們身子肥軟的娃娃臉老公。至於老公在老婆面前大剌剌向你示好，該如何四兩撥千斤，你也會得到提點，這樣就不用被捲進他人奇怪關係的屎坑。你會讀到其他男女的親身體驗，他們在沒攜伴的狀況下勇敢參加活動，最後活著離開。讀讀這本書裡的特別章節，裡頭談到朋友彆扭地嘗試幫你找對象的時候，該如何因應。我們還額外新增章節，專門給想在週末變身成同志的那些人。

書中的章節包括：

- 跟你一樣了不起的人都不該是單身
- 出席婚禮很難嗎？
- 你前所未有地好看
- 你看到馬克了嗎？我怎麼都找不到他

5 上帝就在細節裡！

這本書會幫你爬梳所有的親密細節，那些是大家想知道的，老實說，他們也有權知道。內容包括：你們當初如何分手，你現在住哪裡，誰想要更多，你知道多久了，孩子們的狀況如何，你怎麼告訴孩子的，氣氛悲傷嗎，他生氣嗎，你傷心嗎，大家都知道了嗎，是誰告訴你的，我可以跟誰說，你什麼時候要公開，瑪格麗特知道嗎，我可以打給她嗎，房子要怎麼處理，誰會拿到錢，到底有多少錢？那個，瑪格麗特知道嗎，因為我覺得她需要聽我親口說。你有男友嗎，他有女友嗎，他們叫什麼名字，他們體重多少，週末時會寂寞嗎，你更快樂了嗎，你想你會再婚嗎，你會再生孩子嗎，你能否重頭說起，把每個細節都告訴我，尤其是不好的那些？

6 假期都毀了！

這本書的篇幅是一頁，裡頭就只有這個句子。

我希望這些手冊能夠協助你安度這段狗屁倒灶的時光。我向你保證，總有一天，幸福的夫妻們不會再讓你觸景傷情而哭泣。總有一天，你可能會再進入一段婚姻。有天你醒來時，會覺得自己有百分之五十一的快樂，而慢慢地，一個分子接一個分子，你會再次覺得像自己。或者你會失去理智，變成一個瘋子。不管是哪種，我們都希望你可以避開刺青，因為無論如何大多數的刺青都很蠢。

艾米．波勒／作家、喜劇演員，最為人熟知的是在*Saturday Night Live*喜劇節目固定出演，及在NBC情境喜劇*Parks and Recreation*飾演Leslie Knope一角。身為兩個兒子的母親，她強力擁護兒童和婦女，共同創建Smart Girls，協助年輕孩子培養自我。她也擔任世界孤兒基金會藝術大使多年。她的首部回憶錄*Yes Please*於二〇一四年出版，本文取自此書。

今天，我大多時間都在哭

克萊兒．葛勒斯比（Claire Gillespie）

我沒料到我今天會淚眼婆娑一整天。說到底，我已經如願以償。我們分道揚鑣四年後，我終於訴請離婚。今天，文件會送達我丈夫那裡。

我哭著看我女兒吃早餐。她跟他像一個模子印出來的，她有他小巧的鼻子和表情靈動的雙眼、膚色與小腿肌肉。她睡眼惺忪嚼著穀片，一綹頭髮漂浮在牛奶裡，她不知道今天即將發生什麼事。

我兒子突如其來抓住我，給我一個擁抱時，我哭了。他跟我好像，他有我的修長四肢和大嘴巴。他也不曉得今天即將發生什麼事。

六歲和八歲，也許他們不知道也無所謂。他們確實知道的是，我們是怎麼樣的家庭。我們跟某些家庭不同，跟另外一些家庭類似。他們知道，我們的婚姻在很久以前就劃上句點。對他們來說，這個故事裡，離婚文件是多餘的。不過，之於我們，卻遠超過必要。我們一定要結束這個篇章，才能夠開啟下一個。

我想起孩子們還是嬰兒的模樣，我又哭了。我兒子，渾身肌肉精實，大大的藍色眼眸注定要讓很多人為之心碎；我女兒嬌小，皮膚透著夏天的氣味，雙手永遠握著拳頭，準備與世界角力。我丈夫過去——現在依然——對他們來說是稱職的父親，完美結合了忠誠的保護者和難以捉摸的宮廷小丑。

「陰和陽。」他以前都這樣說我們。有幾年，我們兩個都相信這是件好事。

我們幾乎還不怎麼認識對方，就已經往下盯著驗孕棒，然後面面相覷，在那個時刻決定盡量往好處想。如果我們兒子不是來得這麼意外，也許我們的關係會像很多二十幾歲的戀情那樣逐漸淡掉。可是他呱呱落地了，而我們心懷感謝。

想到我們婚禮那天，我哭了。兒子當時在場——十八個月，黏人，不顧周遭眼光。我們共舞與歡笑，兩人偷閒溜開，遠離群眾，重申共度人生的承諾，而我們並不確定能否守住這份承諾。我們相處的狀況談不上美妙，但那天相當美好。

他打電話通知我，離婚文件已經寄達。「收到了，」他輕笑，「我不確定要做什麼。」他說，聲音很年輕。淚水再次湧上我的雙眼。「你什麼都不需要做。」我告訴他。我們都心知肚明，他不會提出質疑，我們都知道這對雙方都是最好的。我們只是必須等我們永遠不會見到的法官決定，是的，我們可以合法結束兩人的婚姻。

我從未離過婚，所以不知道這樣的日子應該感覺如何才對。我立場堅定、如釋重負，對於我身為三十多歲離婚婦女的未來頗為樂觀。不過，我也為了失去我們的婚姻而哀慟。在這樣的場合裡，不會有香檳瓶塞啵地打開，也不會在家裡舉辦離婚派對。

我帶孩子們到公園去，我在大大的墨鏡後哭泣。我記得我們第一次約會，午餐完去喝了一杯，再到晚餐，然後在一家煙霧瀰漫的酒吧裡天南地北閒扯。我那天也戴了副大墨鏡。我去上廁所，回來時發現他戴了起來。「你看起來好像螞蟻。」我說，然後我們接了吻。

他來帶孩子去過週末，一切照舊。他把一袋他們的衣服遞給我，穿過沒洗，可是我不在意。我跟他說，他看起來很累。「爹地沒睡覺。」我們的女兒說。

「因為我好想你啊。」他回答。

他對她說話，不是對我。

我撐到他們離開為止，然後我將耳朵貼在前門上聽他們閒聊，一直到只剩靜寂為止。然後我哭了。噢，我哭得好慘。

我們並未擁有我們期盼的那種婚姻，可是我們確實建立了友誼，我們會因為孩子而永遠牽絆在一起，孩子們將生命呼入我們的靈魂裡。我們的婚姻絕對不是敗筆。

後來，我開車去買貓食和啤酒，我頭一個看到的人是他。他站在結帳櫃臺那裡，對上我的眼睛，咧嘴一笑，揮了揮手。我綻放笑容。我看到兒子的金髮腦袋在他身邊起伏著。我考慮走過去，跟著購物車來場動作瞥扭、猶豫不決的舞蹈，可是我並沒有。這是他跟孩子們獨處的時光。他們會一起吃晚飯、玩遊戲，在爹地家的臥房裡就寢。我會一路哭著從超市開車回家，不是因為我不想要離婚，而是因為我想要。

克萊兒．葛勒斯比／來自蘇格蘭亞爾郡的作家與母親，在她與先生共組一個美妙的七人混合家庭以前，她是有一雙兒女的單飛母親。她給所有單飛母親的頭號祕訣是：「自我保護！身兼雙親的工作有時很累人，如果你撥時間給自己，就能換取更多高品質的時間給孩子。」她的作品散見於眾多出版品，包括《華盛頓郵報》、*Vice*、*Independent*、Mashable網站、*Women's Health*、SheKnows.com等。

Chapter

6

那不是很浪漫？——關於下一段感情

Isn't It Romantic?

我穿著非常寬鬆的獵豹連身裝上床睡覺，因為這樣會逗得我兒子哈哈笑。我的性感睡衣已經鎖在抽屜裡好一陣子了！

——美國演員珊卓．布拉克（Sandra Bullock）

尺寸女王

艾薇・佩克（Evie Peck）

我以前真的是約會高手。

換個說法好了——我以前約會得很頻繁，但全都很糟糕，而在其中幾場約會裡，我會跟人上床。

成了單飛媽媽後，我不曾考慮要約會，直到我兒子學校一個帥氣爸爸離婚為止。我們都有孩子，也都四十五歲，現在兩人都單身。幾個月以來，我以為我們兩人在調情，確定兩人會發展出浪漫關係。結果有一天，他跟我傾吐心事，說他開始跟某個他真心喜歡的女人上床，對方湊巧是二十八歲。

我經歷了幾個被拒絕的階段：氣憤、否認、嫌惡、飢渴，以及肉毒桿菌的醫美手冊。然後我下載了交友軟體Tinder，開始滑螢幕查看三十二歲以下的男性。沒錯，我也可以跟年紀輕到足以當我孩子的人約會。對我來說，只有幾個因素會讓約會破局：保守的政治立場、在自介裡提到四二〇（國際大麻日）、職業是業務經理、脖圍，還有不知怎麼地，布萊恩這個名字；還有，任何叫做克里斯欽*的傢伙，或說自己「熱愛戶外」的男人，因為我是猶太裔。

某個星期天早上八點鐘，我帶六歲兒子到公園參加棒球賽。我戴著大遮陽帽坐在看臺上，然後拿出手機。我在Tinder上收到三則訊息，我戴上老花眼鏡——我喜歡稱之為近焦，因為稱它們為「眼鏡」或「閱讀鏡」，讓我覺得自己像個阿嬤；確實，就年齡來說，我可以當祖母了。

先是三十二歲的班。自介裡，他有張下廚的照片，希望認識謙恭有禮、有格調的女性。班寫道：「嘿，我真的想認識你。我喜歡年紀大一點

*克里斯欽（Christian），這個人名另有「基督徒」一義。

的女性。其實我只有二十三。」

不，我沒辦法跟二十三歲的男生交往。

「抱歉，」我寫給班，「你太年輕了。」

「年齡只是個數字。」班回覆。

我同意，可是我總要有個底線。孩子們需要界限。

一個叫艾迪的男人寫「嗨」，所以我也回他「嗨」，然後對話就此結束。

接著，三十二歲的傑夫寫：「你在找什麼？」我依然為了那個年齡相符的離婚爸爸不回應我的感情而心痛，於是回答，「我在找有趣的，不要太嚴肅的，可是也不要一夜情。」

「媽，」兒子跑到我身邊，滿臉通紅，「可以給我水嗎？」

我心虛地放下手機，然後說，「你剛剛表現得很好。」其實我什麼也沒看到。我把他的水遞給他，他就跑走了。

「你喜歡龍舌蘭酒和光著身子嗎？」傑夫寫。

陽光有點太亮，我看不清螢幕。他好看嗎？他的照片暗暗的，是有原因的嗎？我摘掉太陽眼鏡，在棉衫上擦了擦。這副眼鏡是從百元商店買來的，看起來總是有點糊糊的。

「你會不會湊巧是Size Queen？」傑夫寫道。

尺寸女王？這什麼？是指女王尺碼？像是老牌絲襪L'eggs的女王尺碼？還是女王尺碼的床墊*？

我到網路上的都會俚語字典查了查，棒球在背景裡嗡嗡響。尺寸女王的意思，指的似乎是喜歡大屌的女人或男同志。

「你是想問，我只喜歡大屌嗎？」我寫。我跟傑夫彷彿變成互相依賴的夥伴。他的老二顯然很迷你，不然為什麼這麼快就提起這件事？

「唔，對啊，我想問的就是這個，我想。」

我嘆口氣。我不確定我想跟迷你屌人開始什麼關係，傑夫顯然有些問題。我抬起頭，向球場裡的兒子揮揮手。他沒看到我。

「我只是有個偏好的類型，」傑夫寫道，「我通常都選尺寸女王。

*女王尺碼（Queen Size）的床墊，一般指六尺加大雙人床。

我愛尺寸女王。所以……你是尺寸女王嗎？」

真討厭尺寸女王這個詞，希望他別再寫了。

一分鐘過後，傑夫寫：「？？」

「唔，我不想要屌大到害我噎到……」在我兒子的球賽上發性愛簡訊，感覺滿怪的，不過我今天是帶上點心的媽媽，所以稍後可以彌補一下。我及時往上一瞥，看到兒子準備上場打擊，一面納悶這年頭我們的年輕人都怎麼了？尺寸女王？傑夫指的難道是厚度，像是希伯來國民牌的義式臘腸？那些東西好吃得很。還是他講的是長度，就像我放在提袋裡的十二盎司防曬噴劑瓶？我想像把它塞進陰道的樣子。並不性感。我想起過往幾個真正很優秀的屌。最大的那個從來就沒真正插入，那傢伙當時還哀求著要作罷，因為他說他太緊張。那肯定是騙人，對吧？

「媽，可以把我的開特力運動飲料給我嗎？」

我要兒子先喝完一大瓶水之後，再換成開特力，他搖了搖空保溫瓶以茲證明。我將莓果冰霜口味的運動飲料遞給他，「你打得很好喔！」他跑回去時，我喊道。我是說，不用看也知道嘛。

要是我能把傑夫的大頭貼看得更清楚就好了。我拱起身，雙手弓起護著螢幕，以便擋住熾烈的陽光。我猜他長得還不錯，只是我看不出來。

「你最喜歡的那幾個，他們大嗎？」傑夫寫道。

我不想再聊傑夫的老二，可是目前氣氛正熱絡——他似乎對我很有興趣。

「你真的有那麼大嗎？」我寫道。

「有。」

我是覺得心煩，或是受到挑逗？

我開始擺出果汁盒，確保每盒附的吸管都還在。我將每條起司條撥開來，打開穀物棒的盒子。「更重要的是喜歡那個人，」我回覆傑夫，「不過，如果大到不合身……我不知道，我沒那種經驗。」

「咱們混一下吧。」傑夫迅速回覆。

隨著每次訊息往返，我的興致就越低。

「可以給你看看我正在忙的東西嗎？」

他指的顯然是屌照。我很感謝他事先問過。

「不，謝了。」我回覆。我得喊停了。「我在看兒子的棒球賽，我得走了。」我判定，這番話應該很煞風景。三十二歲對我來說太年輕，我應該往上拉到三十五。

「我們可以用FaceTime視訊嗎？」大屌傑夫寫道，孩子們正奔離球場要來拿果汁盒。我明白他為什麼喜歡我，因為我剛剛花了四十五分鐘，聞聊他的巨鷗。對我而言，是客觀討論；對他來說，是挑逗前戲。

「抱歉，沒辦法再聊，我兒子剛吐了。」我說謊。我媽總是說，嘔吐是唯一不會被質疑的理由。對傑夫來說卻不管用。

「晚點再來？」他寫道。過了幾分鐘。「？」然後，「？？？？」

他甚至沒問我，我兒子的狀況如何。

我把手機收起來，將點心分發給球隊。

我想也許電話約會不適合我。滑手機的部分太有趣了，就像在賭城玩吃角子老虎。但三顆櫻桃排成一排的時候，我損益打平了並轉身離開。

我兒子朝我跑來，上唇因為運動飲料染成了粉藍。他對我揮著穀物棒，「你這次拿了我喜歡的口味來，謝謝你記得。」他說。

我中頭獎了。

艾薇・佩克／一名演員、作家、製作人，住在洛杉磯。自主選擇成為單飛媽媽，她說她的單飛親職訣竅適用於所有人類：「不要被你在社群媒體、雜誌裡，甚至是隔壁人家看到的那種加工過的生活所矇騙……將焦點集中在自己的現實上，不要跟人比較。」艾薇曾與人合寫一部關於糟糕約會的熱門戲劇，叫做*I Made Out with Him Anyway*，並在其中演出。她在自己的部落格（www.momsolo.com），寫下了關於身為單飛媽媽的種種。

各式各樣討厭的事情

金姆・艾東尼西歐（Kim Addonizio）

我走進廚房，準備在敞開的窗戶旁哈幾口大麻，將煙吹入有鹽味的空氣裡。這是我男友常站的地方，因為屋裡我只准他在這裡抽駱駝淡菸。這裡也是看得到太平洋的地方，朝山丘往下走，不到一英里就能到海邊。我將煙對著大海揮去，然後快步趕回臥房，免得我的青春期女兒從她的臥房走出來並逮到我。

我看了五分鐘的電視後，艾雅走進我的臥房並說，「媽，你哈到茫了嗎？」

「沒有。」我說，可是她看得出來。「怎麼樣？」我說。

她聳聳肩，走了出去。我總是做錯事。上一件錯事就是背著我男友，跟第二任前夫出軌，而艾雅討厭我的第二任前夫，理由相當充分。兩人初次見面時，她就對他沒什麼好感。她已經有個父親，就是我的第一任前夫，看不出有第二個陪在我們身邊的需要。但後來他贏得了她的喜愛，我有張照片可以證明，就是我們去替我父親掃墓那天拍的。我第二任丈夫斜靠在車門上，手臂環抱著艾雅，她斜倚在他身上，嬌小的八歲孩子，一頭燦亮的金髮。我還有那天拍的另一張照片，是他在我不知情的狀況下拍的。我跪在墳墓和一瓶野花旁，艾雅摟著我，臉貼在我肩上。

後來他離開我們，我哭個不停，猛喝酒。艾雅很愛我目前的男友，我也是，可是我打算離開他。我一直在找公寓要搬家，我負擔不起我們目前租的這種好房子，挑高的天花板，令人愉快的橙色牆壁。艾雅上國中的時候，我們住的是一房公寓；臥房給她，我在客廳睡折疊床。既然她上高中了，我們需要更大的地方，可是符合我預算範圍的那些地方又小又醜。

我和前夫在每星期一碰面。我們會在餐廳裡手牽手，不肯放開。我們會在停車號誌那裡，在他車裡擁吻，直到另一輛車子過來，駕駛猛揿喇叭。我們會在他的廂型車裡、他的公寓、他散發老鼠味的沙發（有老鼠住在裡頭）上做愛。我陷入愛河太深，沒怎麼注意到老鼠。可是等我意識到，我們已經準備搬到奧克蘭的一棟小房子。最後他會在我不知情的狀況下，從我身上借走一大筆錢，而等我發現的時候，關係就結束了。不過，我們目前暫且是靈魂伴侶。我們對這段愛情的信念，熱烈得有如那些宗教狂熱份子——他們在繁忙的十字路口，站在翻過來的塑膠貨箱上，放聲喊著，要將上帝的話語帶給異教徒們。

我樂得暈頭轉向，而我正在傷害每個人。

本文作者簡介請參見二百九十頁。

摺紙心願

艾卡夏．拜倫（Akesha Baron）

我在這裡還過得去，
身為單親母親
將一條淡綠色西班牙披肩
掛在廚房窗戶，蕾絲裡有玫瑰。
我對那些手懷抱著感激之情，
有些手深深愛著我，
有些手雖然渴望愛我

卻猶豫不前
彷彿我的身體是一片奇土異壤；
有的手總有一天會
找到這裡
而且可以全盤——
接受跟我共用一張床的那個孩子
接受一天可能會有多混亂，
接受我的極簡料理。

今天鋪床時我將
那條水綠色舊羊毛毯鋪在最上頭
形狀有如日本摺紙，有尖起與褶層：
這裡是我期待你降落的地方
就在這架羊毛紙飛機上。

你的手會握住老舊的
銅製門把，它的繁複設計。
那個心願的輕重，就在我手中，
無法被衡量。

艾卡夏．拜倫／曾發表作品於*Common Ground Review*、*New Millennium Writings*、*Snapdragon Journal*，以及由華盛頓州桂冠詩人Tod Marshall編纂的*Washington 129*選集裡。她在南墨西哥州和南非與原住民所做的田野工作，逐漸讓她看到在村莊脈絡下，單身母親得以較不孤立的生活方式。她對社群有深切的興趣，希望有天能開設一個隨時歡迎單飛母親的空間。艾卡夏和她的十歲女兒住在西雅圖。

等你準備當個有擔當的人時，再來跟有孩子的女人約會吧，
因為伴隨著這個位置而來的是責任。

——美國演員塔拉吉·P·漢森（Taraji P. Henson）

我女兒教我如何再次信任

蕾秋・薩拉（Rachel Sarah）

在我們最愛的墨西哥塔可餅餐廳裡，我女兒往前斜靠櫃臺，點了她每來必吃的餐點：起司薄餅，不加莎莎醬，也不加酸奶。我不確定我想吃什麼，可是，我不確定的不只是這個。

帶我八歲女兒來熟悉的地方，見見我的新男友，我原本以為是個好主意。可是現在我覺得很尷尬。「她會害羞喔。」我前一晚事先警告過克里斯。

女兒跟著我走到一張桌子前，然後溜進我旁邊的椅子裡，我們的手肘互碰。她抓起玉米片，喀滋喀滋嚼著，直直望著克里斯。「你看過《衰腳神父》嗎？」她問，指的是傑克．布萊克（Jack Black）的電影。

「你問我看過嗎？我家有這部片喔。」他說，咧開嘴笑著。

「是嗎？」她從椅子上跳下來，「我可以去你家看嗎？」我說她會害羞，我猜我弄錯了。

晚餐過後，我們一起走向我的車子，一面計畫著傑克．布萊克電影之夜。「謝謝你。」我低語，原本想吻克里斯，但後退一步，因為我女兒正用細瘦的手臂環抱住他。

「很快見。」她說。我們開車回我們的公寓，只有我們兩個，向來如此，我默默無語。女兒還是小嬰兒時，她父親離開這個國家去開啟新生活，此後我就一直是單飛媽媽。我不打算讓另一個男人傷害我——或她。

到家後，我爬進女兒的床，就像每晚那樣。首先，我等她把枕頭重新排好——先放紮實的那一顆，再來是棉軟的那些。她準備好之後，倒頭就往上靠。這是我們聊聊她當天狀況的時刻，從她是寶寶以來我們就一直這麼做。一如既往，幽暗讓她搖身變成口才便給的人。

在她夜燈的光暈中，她跟我說起學校，雙手一面在牆壁上玩影子遊戲。雖然她隻字未提克里斯，我卻無法停止想他。我要怎麼知道，他不會像我前任那樣，棄我們而去？

兩個星期後，女兒跟她的女生朋友正忙著將娃娃排在家裡的露天平臺，克里斯騎著腳踏車過來。

我女兒跑向他的時候，他拉出一只袋子。「瑪德蓮！」她尖聲說著，「謝謝你！我最喜歡的甜點！」克里斯一臉燦笑。

然後她要求他一起玩。「坐吧！」她對克里斯下令，指著地上那塊布，布在風中鼓起。

克里斯聽話照做，將硬邦邦的單車鞋脫掉，免得扯壞那塊布。

我女兒的朋友彎過身，悄聲說，「要玩別的嗎？」可是我女兒搖搖頭，咧嘴笑著轉向克里斯。「要喝點茶嗎？」

我伏低身子，想共襄盛舉。「你不行，媽媽！」她在胸前叉起雙手臂。

克里斯啜飲微溫的茶，湊向我女兒，「謝謝你。」

看著眼前情景，我感到詫異的，不是我女兒邀請我一身單車勁裝的男友參加她的茶會，而是他自己想留在現場。

到現在，我已經數不清有多少次，我女兒過生日的時候，她生父沒捎來隻字片語。顯然，女兒已經愛上了克里斯的慷慨、魅力和光碟收藏。我為什麼沒辦法敞開心胸接受他的愛，就像她那樣？

茶會過後，女兒跳起來。「我想帶你看看我的房間。」她說著便抓住克里斯的手。他站起來跟著她進屋裡。

要是我有那種信心，像那樣讓他進來就好了。每天，克里斯都會寄電子郵件給我，說「我愛你愛到無以復加」這類的話。可是懷疑依然盤據我的心頭。我倚在門框上，難以相信他人的聲音在心裡響起，「他是來真的嗎？」

我們約會超過半年時，克里斯出城工作。他離開的第三個晚上，我心情煩躁，砰砰關著廚房櫃門。我非常想他，但我不打算承認。我女兒卻跟我討了他的電子郵件，然後在我的筆電上留了這個「已寄出」的訊息：我想你。我愛你。

我坐在那裡，瞪著螢幕。女兒還是學步兒的時候，我再次開始約會。雖然風險很高，但起初我對於再次找到愛，充滿了希望。我想像在她還小的時候，找到對的男人，然後將彼此的家庭結合起來。但遲遲無法如願。過了好些年後，我女兒卻對愛如此開放。

認識克里斯一年後，我們難得一起吃晚餐約會。但克里斯忐忑不安，他太快灌下雞尾酒。只要服務生經過，他的肩膀就緊繃起來。我們默默走回他的車子時，他放開我的手。

「有件事我必須告訴你。」他說。

我轉過身去。他雙眼噙淚。

「抱歉，我跟我媽一樣，一激動就說不出話來。」

我以為有人過世了。

克里斯從口袋裡掏出一枚戒指後，又拉出一條閃閃發亮的項鍊——送我女兒的。他問能不能加入我們的小家庭。

「好。」我輕聲說。

「你確定嗎？」他說。

我終於準備好要打開這扇門了。說到底，他和我女兒已經在那裡，等著我。

蕾秋・薩拉／著有*Single Mom Seeking*，二十世紀福斯公司預計改拍成電視節目。二〇二二年她和丈夫克里斯迎接第二個女兒。可至www.rachel sarah.com網站、推特（@Rachel_Sarah）和IG（@rachel_sarah_writes）找到她。

徵友廣告

慕芮兒・強森（Muriel Johnson）

BFWK*

關於我：單身，黑人女性有孩子，三十出頭。身材矮短，過重，有不少妊娠紋。尋找身體健壯的帥哥，口袋深，能夠配合一位單身女子和三個孩子的欲望和需求。一定要喜愛大自然、旅行、閱讀、跳舞和藝術，也總是願意出錢。情感和經濟上必須穩定，精神上有所寄託，樂善好施。一

＊此處應是「有孩子的黑人女性」（Black Female With Kids）的字母縮寫。

定要洗衣、洗碗、一般的居家清潔、煮飯、協助功課。

一定要持有有效的駕駛執照、投過保的交通工具，最好是多功能休旅車，可以載孩子們去參加各種課外活動。也一定要擅長全身按摩和寵溺女性。不抽菸，不酗酒，沒有關係成癮症。絕對不能有所期待，必須無條件付出。等不及要認識你！

慕芮兒・強森／成長於馬里蘭州的索爾茲伯里，一個語言受到頌揚的環境裡。天生的說故事好手，她在托兒所、小學、教會、博物館、大學、慶典和無數場合表演過，地點遍及美國鄉間社區到南非開普敦的小鎮。慕芮兒曾在加州知名的席耶拉說故事節（Sierra Storytelling Festival）上說故事，也擔任過主持人。她住在舊金山灣區，是三個孩子的母親，投入兒童教育超過二十年。本文取自*The Essential Hip Mama: Writings from the Cutting Edge of Parention*。

砰轟

蘇珊・郭德堡（Susan Goldberg）

事情是這樣運作的：

我看到她，站在蒙特婁的鵝卵石街道中央，雙手捧著溼答答、逆來順受的小貓咪。或者，她在會議雞尾酒派對上，朝著我轉四十五度角，對著中等距離微笑，刺青滿布的手臂將酒杯舉至唇邊。也許她坐在低矮舞臺邊，就在搏動不已的舞池邊緣，下巴揚起，用身體的氣息向我召喚，彷彿在說：你不是早該跟我聊起來了嗎？她是那個在回憶錄寫作工作坊裡，旁邊座位空著的女孩，就是逃離童年異教團體的那位，我總是接腔替她把句子講完，而她也總是有默契地替我把句子講完。

事情是這樣運作的：我看到她，然後——砰轟！——房間裡、鵝卵石街道上、舞池裡、派對上、工作坊裡的其他人，頓時全都淡入了背景裡，輪廓變得模糊不清，讓她顯得更為突出鮮明。我朝她走去，一反常態且不由自主地變得大膽且親密。我自我介紹。我請她喝一杯（或者，如果她的舉止偏男性化，是要求她請我一杯）。欣賞她的刺青時，我一面用手指描過刺青的輪廓；彼此介紹時，我握住她的手，時間久到超過必要；閒聊時，我碰觸她的肩膀半晌。我借酒壯膽，一時拋開顧忌，吐出平日沒勇氣說出口的話：我們一群人要去喝酒——要不要一起來？這是我的電話號碼。四周有這麼多人，我的幽閉恐懼症都快發作了——你想去散個步嗎？

我怎麼都甩不掉這個念頭：吻你會有什麼感覺？

當我劈頭說出荒唐的話，也就放下了冷靜跟圓滑的表面。我恬不知恥地調情，是的，但也相當彆扭。圓滑其實不是重點。重點是她在場，我也在場，而我倆之間的距離——我突然且堅定地覺得必須拉近——有種明確且即興的力量正在竄流，遠遠超過我平日的內向者衝動（想要拋下派對、舞池或工作坊，回到自己房間和慣例的單純安靜）。不總是，但常常，這個力量強大到可以跨越障礙，比方說彆扭（或者說異性戀，或者說她的婚姻）——而她和我有如心急如焚的青少年，在舞池附近的昏暗走道上卿卿我我。也許我們在一起十五分鐘，或一個晚上，或是藕斷絲連好幾年。也許我們住在一起，結為連理，生養幾個孩子。

那就是事情運作的方式。

直到不是為止。

另一方面，以下是事情不曾成功的狀況：

我按下某人的簡介，似乎還不錯——模樣正派、善良、聰明，甚至有魅力。也許她某天會想要打造一間小房子，或是對於製作發酵食品有濃厚興趣。也許她喜歡的作家跟我一樣。她在簡介頭像裡沒戴棒球帽、懂得「their」（他們）和「they're」（他們是）之間的差別、不想要（更多）孩子、寫到自家小狗的段落不會詩興大發、不會用「笑死，你知道嗎？」來結束每個句子。我按下去，她也按下去，我們互發訊息閒聊片刻，最後約好碰面，享受一頓美好的餐點或咖啡或酒飲或散步。雖然沒有突來的雷嗚大作，沒有那種純粹激烈的砰轟聚焦時刻，但我知道她是個好人，是很棒的對象。於是我大膽一試，知道那份渴慕最終會到來，而我會緩慢且穩定地深陷愛慾，從此過著幸福快樂的生活。

哎。要是我是造物者，我不見得會想造出目前這個自己。

有許多個日子，這種對彼此化學反應的堅持，感覺就像有瑕疵的設計。我把這些砰轟時刻歸因為化學反應，而不是浪漫情調，這樣算不算太過偏激？也許化學反應和浪漫情調是一個銅板的兩面，就像番茄的不同念法（tomayto、tomahto）。不管哪一種，也許設計瑕疵不在我對化學反應的堅持，而是化學反應本身相對罕見。這輩子，我碰過的砰轟時刻少說也有十次（而它們缺席的次數多到可以作為對照組），足以說服我，這種現象非常真實，而且難以捉摸到令人發狂。不管如何，儘管我希望它們可以發生得頻繁一點點，坦白說我並不願意削弱它們的力道。我不是化學家，但我相當確定，越是稀有，效力越高。

不過，即便我的婚姻已經結束了，這種難以捉摸卻變得更明顯，尤其我目前住在一座小城市，那裡的同志約會對象少之又少。我住的地方，Tinder的小小導航裝置可悲地嘟嘟嘟繞著同心圓，然後告訴我：附近沒有新的人選，我應該考慮更改我的設定。我在搜尋五十英里內年齡介於三十六至五十五歲的女性時，OkCupid交友軟體採取同樣的立場，最後端出零個追求者。「嘗試擴大你的搜尋設定」，我的應用程式告訴我。彷彿因為拒絕考慮認識住在媽媽家地下室、酷愛電玩的二十四歲哥德風女生，我就是個性死板、毫無冒險精神的人。也許住在同志約會沙漠，是我自己的錯，這些平臺告訴我，如果我心胸更開放，願意跟比方說波特蘭市的某個好人約會，那麼我運氣會好點。

然後，你知道嗎？波特蘭市，說真的，只需要搭三班飛機，跨越一個國際邊界就能到——如果當我頭一次看到她，甚至我還不知道她的名字以前，整個世界就退到背景去的話，那我會開放心胸遠赴波特蘭跟某個好人約會。可是網路約會就本質而言，並不允許費洛蒙。尤其隔著一段距離，網路約會需要幾個星期或幾個月的機智應答，也許會變成通電話，最後你們終於碰了面，結果砰——嗶。一點化學反應也沒有。儘管（或者正是因為？）都投注那麼多時間了。

「我受夠網路約會了。」我跟朋友裘蒂說。

「可能因為你停止尋找了，反倒就會找到某個人？我這時候應該跟你說這種話嗎？」她問。

我想像自己，心口不一，在一片空蕩蕩的球場中間，對著天空放聲大喊，「我——沒——有——在——找——喔！」

「我四十六歲了，」我說，她點點頭，「我的時間太過寶貴，不能隨意浪費。而且我還滿享受『單身』這種狀態的。」

除了當我的前任在九月問我，我假期有什麼計畫，這樣她好替孩子們訂機票，我想，呃，假期。除了當我的十一歲兒子拿我跟電視角色處女珍*比較：「你是單親媽媽，只是，唔，我想你不是處女。」除了我單槍匹馬去參加婚禮、猶太成年禮的時候。

除了這些時刻：當我納悶人生一場——我的人生——砰轟時刻次數有限，我是否已把額度用完了，那些令人下巴一掉、肌肉緊繃，由欲望、渴慕和喜悅構成的罕見重擊。

除了當我納悶，我對化學反應的堅持，是否並非自我悅納和成熟大人的標記，而是不成熟的表現，緊抓著某種幼稚的故事不放，關於我是誰以及我如何去愛。也許我可以更改自己的設定，說一個不同的故事，敞開自己去接納，以某種控制中的緩慢悶燒為基礎的關係，而不是汽油彈似的轟然著火。也許那則故事就會有幸福的結局。

不曾有過幸福的結局，我腦袋裡有個小小聲音反駁。

也許因為你從未讓它發生。

也許因為我從來沒必要這麼做。

也許你應該重新思考那件事。

也許你應該豁出去——

我的腦袋繞著圈圈轉個不停，直到我思索我向來豐富且歡樂的生活才分神。我的生活，這個人生，絕對不算完美，可是它不完美的部分不會因為添了個伴而化解掉。況且，不是每個砰轟女生都適合長期關係；有些

*電視影集《貞愛好孕到》的主角。

女生，我相當確定，之所以是砰轟女生，正因為她們不適合走進關係裡。不過，內心總有個甜美柔軟的地方吧，沒有嗎？如果有個令人難以抗拒又契合的某人突然出現，原本安穩平順的生活就會變得更加完整，火燒得熾熱明亮又長久，然後逐漸褪為餘燼。我們就能夠——確實地，築堤擋風、撥火燒旺、添加柴火，好讓火焰持續竄升。這種情形以前發生過，往後也可能再有。

如果遇到她，當我遇到她，我會越過房間，主動向她自我介紹。

因為我就是這樣運作的。

蘇珊．郭德堡／是得獎作家、編輯、部落客、散文作家，作品刊登於全國性刊物，包括《紐約時報》、*Globe*、*Mail*、*National Post*、*Ms.*雜誌、Today's Parent，不一而足。她寫過並編輯過數百篇文章，曾與人合著兩本書。她也是得獎選集*And Baby Makes More: Known Donors, Queer Parents, and Our Unexpected Families*的共同編輯。她在多倫多出生成長，二〇〇四年遷至安大略的雷灣區，跟兩個兒子住在那裡。

我人生中的摯愛是孩子和母親。我不覺得自己需要男人。

——美國演員黛安・基頓（Diane Keaton）

我不想要你的丈夫

P・夏洛特・林賽（P. Charlotte Lindsay）

親愛的惡劣媽咪們：

我並不想要你們的丈夫。

因為婚姻結束，我成了單親媽媽，不代表我現在就會覬覦你們的男人。我十歲的時候，在我的頂篷床鋪一躺就是好幾個鐘頭，盯著我的尚恩・卡西迪（Shaun Cassidy）海報、聽著巴瑞・曼尼洛（Barry Manilow）的唱片，我並沒有在想，等我長大，要成為帶著兩個孩子、兩隻狗、兩隻鳥、兩條魚、背負房貸、沒丈夫的四十五歲女人。人生自然而然就走到了這裡。

那不表示我想要你們的丈夫。

在我離婚單飛後，你跟其他壞心媽咪，不再邀我去參加你們出雙入對的活動，記得嗎？

那時候我也不想要你們的丈夫。

我收到「派對取消了」消息的那個晚上，我跟孩子們想表達善意，還是把親手烤好的巧克力碎片餅乾送過去，結果卻發現派對並沒有取消，記得嗎？當時你們全都在場，成雙成對，手裡舉著香檳酒杯，目瞪口呆。記得那股令人不自在的沉默吧？

那時我也不想要你們的丈夫。我只想爬進我的床鋪痛哭一場。可是我並沒有，因為我有孩子。

壞心媽媽三號，記得當我問你，「為什麼大家都不邀我了？」你滿懷憐憫聳聳肩說，「不曉得耶。」我說：「是因為我單身嗎？」然後你猶豫不決答說：「對。」

唔，我不想要你的丈夫。我想當凱薩琳・赫本（Katharine Hepburn）*，誇張地甩你一巴掌，將手上那杯威士忌朝你的臉砸去，穿著亮眼的套裝，從容走出房間。可是我並沒有。我回家去，跟另一個單親母親共酌夏多內白酒，談談笑笑。

她也不想要你的丈夫。

我聽過你們抱怨自己的丈夫。「他工作太多」、「他不幫忙家事」，你的灑水器故障了一個月。到泰國旅行降格成到夏威夷。他買一百美金的蠟燭送你時，挑錯了氣味。到現在他還不知道你最愛的蠟燭香味是什麼嗎？他問我你喜歡什麼香味，我猜了猜，結果弄錯了。我也不想要他。

想到要親吻你丈夫就讓我反胃。想到要跟他共枕而眠，我嘴裡湧出了酸水。你跟我說過他打呼、放屁、打嗝、有勃起障礙，而且看太多足球。這並不會讓我「性」奮。

即使有，我也不想要他。

週末期間，我不想要你的兩個孩子。我不想要應付他的乾洗、送洗衣物和辦公室風波。我不想要照顧另一個人類……三個人類。還有，老實說，我就是不想要他！

女士們，我喜歡你們的丈夫。他們人還算不錯，跟他們聊天還不賴，他們的職業滿有趣的。他們問起我的工作，他們看書、講笑話，有些甚至會追電視劇《騷動的青春》（*The Young and the Restless*，暫譯）。他們不會抱怨自己的老婆。他們會聊一點八卦，但並不多。他們會烤肉。

他們也不想要我。

鄭重聲明，我永遠不想要朋友的丈夫。因為我是個朋友……只是恰好是單身。「單身」只是我的一小部分，不足以定義我。是你們在定義我，因為你們害怕我會偷走你們的丈夫。

老實說，你們內心深處之所以害怕我，不是因為我會偷走你們的丈夫，而是因為我所代表的事情。我是你們最大恐懼的化身：你們的丈夫會離開你們——因為離婚、死亡，或某種不曾預料且無法想像的際遇。你們很害怕自己可能必須面對伴隨單飛親職而來的挑戰，以及你們在這件事上

＊美國好萊塢傳奇女星，以不遵從社會對女人的期望及不配合好萊塢式宣傳聞名。

所添加的汙名。你們害怕，總有一天你們也得不到邀請。你們害怕朋友會把你們對別人所做的事，如法炮製在你們身上。而且你也不會想要其他女人的丈夫。

單身親職不會傳染，通常只是關係結束的副產品。有百分之五十的婚姻都會結束——而當中只有少數是因為有某個女人覬覦別人的丈夫。一般來說，人生就是這麼一回事。

既然我們都把話講白了，我希望你們可以接納我——邀請我去參加你們下一次的晚間聚會、學校活動，或是週末一起出遊。

噢，對了，克隆尼太太、雷諾斯太太、漢斯沃太太*……

我想要你們的丈夫。

獻上愛，

P·夏洛特·林賽

P・夏洛特・林賽／中年單親媽媽，也是網路約會世界的專家。離婚後她在三年間有過三百場約會（透過網路而來），現在運用自己的經驗，引導重新進入約會世界的人如何在科技時代認識男性，甚至從中找到愛情。她是真人，為了孩子和父母改過了名字。可以到臉書（@pcharlottelindsaytlc）、推特（@pcharlottetlc）以及IG（@pcharlottelindsay）追蹤她。

＊克隆尼（Clooney）、雷諾斯（Reynolds）、漢斯沃（Hemsworth）這三個姓氏恰好都是已婚的好萊塢明星，國籍分別為美國、加拿大、澳洲。

如何愛

珍努艾瑞・吉爾・歐奈（January Gill O'Neil）

再次踏進世界後，
有個問題就是如何去愛，
如何穿好保暖衣物抵擋降霜的早晨——
腳下結冰的草地踩起來嘎吱作響，
冰冷的雨刷沿著擋風板刮磨——
將時間轉換成距離。

你開始早晨的通勤

穿過空盪的馬路時
要唱什麼歌？
你是否能夠看出，真正看到，
三隻野火雞越過街道
無毛的腦袋、高蹺般的腿
尋找著早上的餐點？無事可做
只能停下來，
等待牠們安全跨越。

牠們從容緩步離開，你納悶牠們是否
想被嚇回這個世界。也許你也是。
等待這一切讓位給愛本身，
望入另一人的雙眼，感覺到什麼——
在連綿的夜裡，新情人帶來的樂趣，
你在他四周收摺翅膀，在這個

動盪不順的一月結束後，
彷彿一場長眠已經終結。

本文作者簡介請參見一百八十九頁。

你不能「撤銷」這一個

潔西卡．伯恩（Jessica Bern）

我走進餐廳時，看到燈光暗下。對室內的一雙雙男女來說，訊息很清楚：「浪漫時刻到了！」對我來說，更像在說：「請離開，你正在破壞我們的氣氛。」我在這個地方用餐多次——可以說是我家廚房外的廚房，也是我的避難所；這裡的員工總是讓我覺得受到歡迎。

那一晚以前，我已經兩年沒跟男人通電話了。我是個四十二歲的單身母親，學非所用，跟我的學步兒住在洛杉磯。我經歷過太多可怕的約會和短暫關係，我覺得很疲憊。有個房仲對我有興趣，只因他想知道我房子的詳細資料。還有個傢伙在約會兩次後就想跟我同居，因為從來沒有女人忍受他這麼久。當然，另有一個憤怒的演員跟我討八百美金，好支付他的違規停車罰單。最糟的，就是那個我連續幾個星期在電話上閒聊好幾個鐘頭的男人，常常是我睡前聽到的最後一個聲音。十四年來，我頭一次感到如此形單影隻，嚴重陷入低潮——我跟他分享我的生活和祕密，卻發現他的照片是假的，而他跟我說的關於他自己的一切，也一概是捏造的。

然後有個晚上，我聽從朋友的建議，好好打扮，在書店裡走走逛逛，因為「你喜歡閱讀，如果在那裡認識男人，很可能他也喜歡閱讀。而且管他的，你又有什麼好損失的？」唔，結果最後發現，我的尊嚴，以及在書店裡認識人的希望，全都粉碎了。經歷這些事情後，我設定了不少障礙，如果有男人能夠一一跨越，就非同小可了。我跟保羅簡訊聊天了整個星期，他的個人資料顯示他是四十歲中段，眼神善良、笑容美妙。關於他的一切都散發著「平易近人」，是我真心希望伴侶擁有的特質。他個性善良幽默，我很期待跟他見面。

其中一個服務生凱莉在我桌邊停步。她是當地社區大學的大三生，皮膚蒼白，藍眸，頸背上有一道拉鍊刺青。每次我看到，就會想像動手拉下拉鍊，這樣就能看到內在有什麼。出於習慣，凱莉以為我一個人，於是開始收走另一套餐具。「其實我要見個人，」我告訴她，「他剛發簡訊說他等一下就到。」凱莉瞪大雙眼。我們認識以來，我就有種感覺，對她而言，我時時提醒著她，她的生活有可能比現在糟糕更多倍。現在，很顯然，想到自己突然得找個人取代我，讓她一時不知所措。

保羅走了進來。看起來就跟照片一樣，而且從他臉上的神情看來，他也很高興見到我。噢，真是奇蹟！他一坐下來，我們就自然而然聊起來。我們講到身為單飛家長，以及各自的孩子；等孩子長大，想走訪的地方；還有建立長期關係的可能性，不如以往看來的那麼荒唐。我真的覺得有點興奮。我忍不住想，有可能成功嗎？我不會孤獨死去了？也許我們可以一起去看赫斯特城堡，還可以去參加晚餐派對、遊戲之夜，還有關於已婚身分我所想念的一切。我對愛和陪伴的飢渴強到難以置信，而眼前就是俗諺形容為「高水杯」*的高瘦英俊人類。

凱莉走回來，幫我們點菜。看來她已經從我生活可能還不錯的震驚

* 英文俚語「Tall glass of water」，指的是高大富有魅力的人們，通常用來形容男性。

和敬畏中恢復過來。她離開後，保羅起身去上男廁。他一消失，我的心馬上一沉。我過去經歷過這麼多「完了！」時刻，一等他離開視線，我就開始納悶，這會不會又是一場虛驚。

我從皮包裡拿出手機，忽略戴上眼鏡再打字的習慣，直接發簡訊給我妹：「我覺得我這輩子交到的對象都是魯蛇。」按下「送出」後的十億分之一秒，我又瞥了一眼螢幕，透過模糊的迷霧，我注意到我沒把簡訊發給妹妹，而是寄給了我的約會對象，保羅。

我驚慌失措，視線來回跳動。我忙著尋找某件事，某個人，可以撤銷我剛剛做的事情。撤銷、撤銷、撤銷！我在腦袋裡大喊。我每天花那麼多時間在電腦上，幾乎可以感覺手指在尋找鍵盤上的按鍵。

保羅回到桌邊。「你讀了我的簡訊嗎？」我問，半笑著，半試著別哭出來。「沒有。」他回答。我如釋重負，告訴他簡訊裡說了什麼，然後努力解釋說，我不是說他是魯蛇——其實，我還滿喜歡他的。雖然他狀似被剛剛發生的狀況逗樂了，但我可以感覺到，我已經失去他。他的雙眼變得無神，兩人之間那種性張力已經消融。我再也不是有潛力的對象，只是個長相討喜的傻瓜，描述一則他覺得饒有興味的古怪故事，彷彿在講我和其他男人的軼事。

我們餐後去吃冰淇淋，坐在店外的板凳上，又聊了一個鐘頭。接著他陪我走到我的車子那裡，甚至吻了我道晚安。一連幾天我都沒有他的消息，我為了那個美妙的夜晚發簡訊向他道謝。他遲遲沒有回覆。

我覺得很尷尬，做了我向來會做的事，就是不把它當一回事，以搞笑的方式帶過。我常常就是這樣處理生活中的痛苦。要到幾個月以後，我才意識到，我對於不要獨處的需求，大過保羅對我的吸引力。

我不再後悔那次約會發生的插曲。它教會我寶貴的人生功課：你一定要先懂得獨處的樂趣，跟別人相處起來才會順利——而在發簡訊給某人之前，一定要先戴上眼鏡。

潔西卡·伯恩／*Honey Suckle*雜誌的編輯，更是一位青少年的媽媽。作品散見於網站SheKnows、CafeMom及其他出版品。可以在bernthis.com看到她的作品。

我提出不可能的要求

安娜・卡斯提洛（Ana Castillo）

我提出不可能的要求：永遠愛我。
當所有的欲望消失時，愛我。
以修道士的專一，愛我
當整個世界
以及你所視為神聖的一切，
都想勸阻你：依然愛我更多。
當你胸中滿懷無名的怒火：愛我。
當從家門走向工作的每一步都令你疲憊——

愛我；從工作再次返家來的時候，亦然。

當你百無聊賴，愛我——
當你看到的每個女人都比上一個更美，
或更可悲，像你一直以來的那樣，愛我：
不是以仰慕者或評判的身分，而是懷著
你在獨處時
專為自己保留的惻隱之心。

愛我，有如你品味自己的寂寞、
對死亡的預感、
肉體的謎團，在它撕扯與修補的時候。
愛我，有如你最珍視的童年回憶——
如果沒有可供回想的——
就想像一個，將我擺在那裡跟你一起。

在我凋萎的時候，愛我如同嶄新。
愛我，彷彿我是永遠——
而我會讓不可能的事情
成為簡單之舉，
藉由愛你，如我這樣愛著你。

安娜．卡斯提洛／在芝加哥出生成長，是知名傑出的詩人、小說家、短篇故事作家、散文作家、編輯、編劇家、譯者、獨立學者。她的小說*Sapogonia*是《紐約時報》的年度好書。她是藝文雜誌*La Tolteca*的編輯，該雜誌致力於推動無疆界與無審查的世界。她在不少傑出的單位擔任過教職，一九九五年因為創意寫作得到美國國家藝術基金會的獎助金。

Chapter 7

太陽升起了——關於希望與樂觀

Here Comes the Sun

我依然奮起。

——美國詩人瑪雅．安吉羅（Maya Angelou）

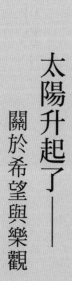

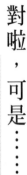

對啦，可是……

雪若．杜姆斯尼（Cheryl Dumesnil）

為了參加每年一度的七月四日國慶街區派對，我回到以前的社區，我的前任還住那裡。我的兩個孩子消失在甜甜圈和水球戰之中。我的前任正穿過人群，手裡高高舉著她的手機，透過視訊軟體FaceTime，讓遠距女友看看這邊國慶活動的景況。我則站在一棵橡樹的斑駁樹蔭下，介紹我的未婚妻莎拉給鄰居們，他們以前就住我附近，陪我一起拉拔孩子，足足十年。這些鄰居雖然跟我沒血緣關係，但幾乎就像家人一樣親近。用這種方式將我的舊世界和新世界結合起來，感覺就是對了。

莎拉被叫去看我小兒子在充氣戲水溜滑梯上「炫技」時，我朋友大衛說，「她看起來滿可愛的。」

三個孩子踩著滑板車朝我們衝來，我們往旁邊讓開。封閉的街道上滿是綁了彩帶的單車、棄置的咖啡杯、堆滿各家菜餚的桌子，還有圍成好幾個圈圈的休閒椅。

「真的，」我同意，「她可能給人一種討喜的印象，但她人真的就是那麼好。」

「很高興你找到對象了。」大衛說，眼神流露誠摯。

「這整件事我最愛的地方，」我說，「是它來得好突然。離婚後，我本來準備獨自過完下半生的。」

「噢，少來，」大衛說，「真的假的？」

「真的。」我點點頭。

我要怎麼解釋才好？我的婚姻在結束前幾年就已經破局，無法挽回。儘管婚姻破裂，我還是盡可能替自己和孩子們打造一個健康生活，希望總有一天，我和前任或許可以修復關係。這就很像有隻鯊魚正在啃你的腿，你還拚命要過充實的生活。你告訴自己：嘿，看看我擁有那麼多值得感激的東西！看看我的孩子們有多棒！我有這麼好的朋友們！看看我有幸能做這麼美妙的工作！而朋友們的反應就像，呃，你難道不知道有鯊魚在啃你的腿嗎？你的反應是，咦，有鯊魚？哎，沒那麼糟啦。我習慣了，我都那樣活這麼久了。等鯊魚終於游開，你的反應是，哇！媽的我幹嘛忍受那種生活那麼久？

對一些人來說，離婚會啟動自我發現之旅。對另一部分的人來說，則是啟動交友軟體Tinder的自我放飛之旅。至於我呢？我在我的個體狀態裡找到喜悅。結果發現，我尋覓多年的平靜——透過心理治療、瑜伽、書本、單人靜修、心靈勵志聚會——在沒有他媽的鯊魚啃我腿的情況下，來得容易許多。

當然，我對健康婚姻長期懷抱著希望，要我放棄，會令我心痛。當然，孩子們來回於兩棟房子之間，必須將物品和時間分割成兩半——這點令人心痛，至今依然。看到婚姻打斷了他們的生活，令人心痛。離開我原本的社區，令人心痛，在那裡天天跟朋友有真誠的互動，不是刻意的，只是因為兩人同時走到屋外的信箱，我想念這一點。

可是嘗試撐住有裂痕的婚姻幾年後，我發現如實稱呼事物、使之名符其實，可以從中獲取某種力量。我還在婚姻裡的時候，在諸多方面都覺得自己像是單親媽媽，獨力擔起養育孩子的大半責任。現在我可以理直氣壯地說，那個名稱正好符合我的經驗。我在婚姻裡覺得寂寞，如今真的單飛了，那種孤單的感覺反倒化解了。

而且也發生了其他事。我前任告訴我她要搬出去的那晚，我說——對她，也對我自己——「如果你走了，我會成長到一個我們婚姻再也容納不了的程度。」她走了，我成長了。天啊，我真喜愛那種成長。

我告訴大衛，「離婚之後，我唯一有興趣的關係，就是我和宇宙更大謎團之間的關係。」

大衛挑起雙眉，點了點頭，彷彿他從未考慮過這點。

「有幾個朋友想幫我跟其他人撮合，可是我的反應是，『不要，沒興趣。』如果有人出現，攻我於不備，我就會留意，可是我絕對不要主動找對象。」

我甚至不相信「找對象」這個想法。在我的經驗裡，「主動尋找」

會改變我看到的事物。我只要問，「她會是我命中注定的那個嗎？」內在的妥協隨即開始。所以，我不想主動尋找。只要生活就好，靠自己，快快樂樂的。

不過，有時鋪天蓋地的責任——扶養孩子、賺錢養家、操持家務，讓我招架不了，沒有理由找伴。四十五歲的時候，我對於怎麼獨力養活自己，如何獨自面對退休、疾病或老化，浮現了疑問。可是當這些問題浮到表面時，對自己會找到出路的堅定信念也隨之浮現。於此同時，我也滿足於自力更生，讓直覺引導我的生活，看著自己的道路往前開展，腳踏實地一步接一步。事實上，我愛極了這種狀況。

「唔，」大衛說，過來擁抱我一下，「看到你這麼快樂，真好。」

我內在有點什麼抽縮一下。那種觸動是什麼？「謝謝，」我說，不當一回事，然後用雙臂環抱我朋友，「這份驚喜再甜美不過。」

用「攻其不備」來比喻莎拉走進我人生的方式，並不正確。那是更為優雅的，有如每年都會有帝王蝶抵達天然橋州立海灘附近的桉樹林那樣*。

起初一隻翩翩飛來，然後再一隻，繼而湧入幾十隻，直到滿樹都是牠們的翅膀。這種超脫世俗的存在將枝椏抹成了整片橙色。

「我一直有種感覺，有人即將進入我的生命。」我曾在日誌裡寫下，「我將再次遇見，來自過往的某個人。我不覺得自己有必要特別做些什麼，不覺得有必要採取行動。只是好奇。事情會順勢發展下去的。」

我從沒想到那個「某個人」會是莎拉。即使我曾經夢見，朋友們帶我去咖啡館，讓我看看莎拉就在吧檯後面工作，我也沒想到。「她回來了」，有個朋友告訴我；「都在這裡工作幾個月了」，另一個朋友說。

十年前，我在現實生活中就是那樣認識莎拉的：在一家咖啡館。她當時是咖啡師，二十多歲，在櫃臺後方工作；我是三十幾歲的已婚顧客，身邊帶著學步兒，頂著懷孕的大肚子。我頭一次跟莎拉講話，她心中立刻湧現某種熟悉感——彷彿我們兒時是過夜營隊的死黨，事隔幾十年後再次

＊天然橋州立海灘（Natural Bridges State Beach），位於美國加州聖塔克魯茲海邊的州立公園。園內的桉樹林是帝王蝶的棲息地，每年十月到隔年二月，會有將近十五萬隻蝴蝶來此避冬。

找到對方。看到我朝櫃臺走近時，她的海藍色眼眸滿是詫異。不是「嗨，今天要點什麼？」而是「噢，是你！」至於我的眼神呢？我想她可以看出我眼裡的好奇，以及那個沒說出口的「我以前是不是見過你？」

不久，莎拉成為我的姊妹淘，我家庭的一部分。我大兒子當時兩歲，都叫她「我的莎拉」。我襁褓中的兒子會在她懷裡安然入睡，就像在我懷中一樣。當我迫切需要有人舉起一面鏡子，讓我看見最好的自己時，莎拉做到了。當莎拉向朋友和家人出櫃，需要看到自己未來可能的樣貌時——妻與妻，共同扶養孩子，在社區裡公開生活——我的家庭就展現給她看了。我沒讓她看到的是，我婚姻裡越來越大的裂隙。我專心修補那些裂隙時，便和莎拉漸漸失去聯繫。

我修補婚姻的任務顯然失敗了。八年後，我和前任正在敲定離婚的細節時，一封電子郵件遠從美國另一端寄來，是莎拉。

頭一隻帝王蝶……

當時我站在舊金山一家餐廳外頭等朋友，就在人行道上讀了信。

「是莎拉！不會吧！」我回信，「我兩、三天前的晚上才夢到你……」。

然後再一隻……

接下來幾個月，一點又一點，我們交換近況，更新了彼此錯過的種種：我生活的拆解與重建；我的「寶寶們」現在各為九歲和十一歲；她大老遠搬到了美國另一端，過著寧靜的山居生活；她對自己當時的那份關係逐漸有了疑問；她對自己兩歲姪女懷抱無限深情。

然後再一隻……

「你會再婚嗎？」她問過我一次，假設性的問題。

「我自己就過得滿快樂的，」我告訴她，「理論上我不反對結婚，可是我也沒特別追求。它要好到像是錦上添花，像是在我很棒的人生蛋糕上塗抹糖霜。」

莎拉聽我傾訴，支持我走過離婚談判的最終階段，而她逐漸接受自己那份關係的終結時，我也聽她傾吐並給予支持。

然後再一隻……

在我的日誌裡，我寫著：「她總是理解我，沒必要多做解釋。天啊，有人懂我，感覺真好。」

接著幾十隻湧來，直到……

兩年後，我跟莎拉帶著孩子們到天然橋州立海灘。我們看著他們尋找我們事先藏在沙子裡的寶藏。他們挖出上頭寫了字的貝殼：「活動預告……九月二十一日……請到你家附近的市政廳……我們要結婚了！」

……超脫世俗的存在，整個樹叢散放光輝。

我舊社區的一個朋友，雪莉，順道過來喝杯酒、聊聊天，我們的孩子們在後頭的房間玩耍。她看著我們近來掛在客廳的婚禮照片——莎拉和我坐在亮藍色福斯巴士前的保險桿上，相互依偎，雙手交握。莎拉穿著無肩帶的粉藍色洋裝，是在eBay拍賣網站上找到的，搭配我二十年前在二手商店買的米白色繡珠羊毛衫。我穿著在自己衣櫥裡找到的森林綠洋裝，配上經典造型的羊毛衫，粉藍色，好幾年前從二手商店搶救回來的。

我們按照自己想要的方式結婚：在舊金山市政廳的小小典禮，之後到我們最愛的冰淇淋店，然後帶著孩子和我父母一起搭乘那輛福斯巴士在市區巡禮，紋了刺青而不是買了婚戒。每當人們問起那天的狀況時，我說，「大家結婚的時候，都應該大玩一場。」

雪莉正在看的這張照片裡，唯一比我們臉上那抹我真不敢相信我們可以這樣的笑容還閃亮的東西，是從巴士頂端反射回來的陽光。陽光讓我們的頭頂四周出現光暈。

那就是每天的感覺：我真不敢相信我們可以這樣。

「我好高興你覺得快樂。」雪莉說。

以我對她的認識，她這份感觸的意思是：姑娘，我親眼看著你赤腳踩過離婚的灼熱炭火，而現在你在這裡。「謝謝，小莉。」我說。

不過，再一次地，那種內在的抽縮又來了，就是大衛與好多人不約而同說著「看到你這麼快樂，真好」的時候，我都會有的反應。那到底是什麼？

當然了，我感到快樂沒錯。超級開心。我跟莎拉在一起所體驗到的愛，翻轉了我對愛的理解，也拓展了我容納喜悅的能力，更讓我跟宇宙的謎團有更深度的連結；而我原本打算餘生獨自追求這種連結。這聽起來像是誇飾，其實是經過仔細校準後的事實陳述。

是，我就是有那麼開心。

所以，問題在哪裡？當人們評論我的快樂，我為什麼想要說，「對啦，可是……」對啦，可是……什麼呢？

今天早上，這個問題在心頭盤繞不去。我送孩子上學後沒回家工作，而是憑著直覺到拉法葉水庫去。我必須思考，所以必須去戶外健行。

在這個無風的日子，水庫映出了四周的一切——環繞水岸的樹木，秋藍的天際，羽毛似的白雲，頭頂上有隻魚鷹在盤旋。我爬上環狀步道的頭一座山丘時，我將這個問題帶回我心裡：對啦，可是……什麼呢？在橡樹的落葉和鳥鳴之間，答案終於浮現：對啦，可是……在跟莎拉一起之前，我就已經很快樂了。

對於親眼目睹的朋友們，我的人生讀起來有點像傳統的童話，高潮是一場永遠幸福快樂的婚禮。可是有個重要的差別是，童話故事的開場會有個落難女子。老實說，這些教科書式的互相依存關係，會因為該女子意識到自己的力量，或者拯救者對拯救行動感到厭煩而終結——不管先發生哪種狀況，這份關係都很可能會走下坡。

我的愛情故事情節則像這樣：有好幾年，我堅決不肯走到離婚這一步，但終究還是發生了。我平心接受際遇的轉變，然後倚靠自己，以磨出水泡的雙手，一磚一瓦建立起自己的快樂。我獨力找到平靜、力量和成就感，我也因此感到自豪。我還挺拿手的。然後……

雪若・杜姆斯尼／本書共同編輯，作品包括兩本詩集*Showtime at the Ministry of Lost Causes*、*In Praise of Falling*以及回憶錄*Love Song for Baby X*、與金姆・艾東尼西歐共同編輯的選集*Dorothy Parker's Elbow: Tattoos on Writers, Writers on Tattoos*。她如果不是忙著叨念孩子寫作業，就是在對著一號小孩拋棒球，或是和二號小孩一起唱音樂劇的歌曲，同時無視於一整個水槽的髒碗盤。她的單飛媽媽旅途於二〇一七年結束，那年她和靈魂伴侶莎拉成婚，而莎拉是地球上最棒的繼父母。

我的生產，照我的方式來

凱特．莫里塞（Cate Morrissey）

我覺得自己跌進了一場惡夢裡。

我懷孕了，而我即將離開我丈夫——理論上來說，這兩種人生大事永遠不應該混在一起。孕吐減緩，我開始感覺到寶寶的動靜時，我前夫動手施暴，於是我選擇離開。

我挺著圓滾滾的肚子去找離婚律師，寶寶的重量壓迫著膀胱。我剩下的孕期，總是搖搖晃晃在那間辦公室走進走出，一個陷入震驚中的新手單親媽媽。辦公職員問我感覺如何、寶寶狀況怎樣，我的律師則反覆問我，是否準備好要訴請離婚。

「等寶寶出生再說吧，」我說，「我現在不想做這件事。」

我想給他時間現身——真正現身。道歉。去看心理醫師。努力成為一個更好的男人、更好的丈夫、更好的父親。拯救我們的婚姻。可是他並沒有。

我的助產士在我產檢時，多撥了時間陪伴我。情感上來說，我變成高風險的人。她肯定在觀察我是否因為即將離婚而有憂鬱的徵兆。她一定也很擔心，我可能會回到丈夫身邊——然而種種事件都證明了在他身邊並不安全。

關於生產的事，我們談了良久。助產士能夠理解，只要可能，我希望能在沒有藥劑的輔助下，在水中分娩。她知道只要可以，我想在家裡分娩。可是當我們開始討論，生產期間誰會在那個房間裡的時候，我體內的所有空氣感覺都被抽光了。

我的前任想在場。他很堅持。他說，當我們的孩子出生時，在場是他的權利。就法律來說，我知道他的說法是錯的，沒有法律條文明訂我不能拒絕他到場。可是我有罪惡感。才幾個月以前，為了迎接這個寶寶，我們合力做了準備。

我在腦海深處納悶，在場的話，能不能讓他頓悟到他自己需要治療？有可能再次產生連結，並且拯救我倆的婚姻嗎？

我的助產士進一步問我，「你想要他在場嗎？你會覺得安全嗎？」

我不知道。

在某一次產檢時，助產士直視我的眼睛並說，「重點不在於他。我要你把集中在他身上的所有能量移開，重新聚焦在自己和寶寶身上。」

她說得對。

我孕期的大半時間都籠罩在陰影裡，起因於離婚壓力，以及前夫在肢體和情緒上持續施暴。生活感覺就像賀爾蒙和情緒的狂歡節，我憤怒又悲傷，我的壓力指數爆表，我覺得受到背叛和壓迫。能夠遠離他，令我如釋重負，但我當時也依然愛著他。我心思大亂，幾乎無法聚焦於正在我體內成長的新生命。

有個無眠的夜晚，我的情緒水壩潰堤。我打開床頭燈，抓起筆記本，寫下我的「生產宣言」。我的感受、需求、欲望一股腦兒流洩在紙上。那些文字激烈真誠，毫不客氣且生猛有力，傳達了我的怒氣與傷害。

終於，我暗想，熊媽媽*現身了。

在我的日誌裡，我要求的權利是，覺得安全、按我自己的條件分娩與生產。我要求的權利是，將能量聚焦在我自己和寶寶身上，並控制誰能夠到場。我要求的權利是，不會因為前幾項而有罪惡感。

我不想被我的前任觀看或評判。我不想讓他立刻從我懷中抱走寶寶。我想要空間、平靜和安寧。生產期間，我想要的是我信得過的女性們的支援。

「投入生產這份龐大的工作時，女人並不需要男人。」我寫道，然後在下面畫線，「我們是女戰士，該死的靠自己就辦得到。」

生產過程漫長艱困。我一路呻吟與尖叫到終點線，直到寶寶滑入助產士的懷裡。他溼答答的小身體被放在我的胸口上，助產士頻頻搓著他，直到他偏紫的顏色轉為粉紅，並且開始哭泣。女人們團團圍繞著我。這些

＊熊媽媽（Mama Bear），指的是堅強、會極力保護子女的母親。

女人敬重我，這些女人扶著我上床，將我眼前的亂髮撥開，告訴我，我表現得有多好。

看著我兒子的時候，我分秒也不後悔當初決定獨自生產。

「這就是母親的定義，」我記得我對他低語，「我會永遠保護你。」

凱特．莫里塞／她是單飛媽媽和自由作家，此為筆名。作品發表於眾多網路和紙本出版品，固定投稿給ESME，書寫身為單身媽媽的多種面向。

我如何抵達我自己

瑪萊卡・亞伯赫（Malaika Albrecht）

我不再
流離失所
或是再次擁有。
我泰然自若。
我擁有自己。
我冷靜沉著。

陽光在我喉嚨中升起，
在我的額頭上

燒出了完美的洞
美洲燕就在那裡棲息。
每滴雨水
都完美落在適切的地方
就在我那片綠意上。
我想讓你知道

走到人生邊緣上：
我會縱身一跳。

我會縱身一跳
我會縱身一跳

然後展翅飛翔。

瑪萊卡．亞伯赫／她與女兒們住在北卡羅萊納的費可斯農場，在那裡教瑜伽，和一群馬、一頭迷你驢子、雞、鴨子、兔子、貓和一隻狗共享生活。她是首屆Heart of Pamlico的桂冠詩人，著有三本詩集。也是網路雜誌Redheaded Stepchild的創始編輯，那份雜誌只接受被其他地方退稿的詩作。身為*Rocking Horse Ranch*的執行長，瑪萊卡教身心障礙人士怎麼騎馬以及馬匹輔助的相關活動。本詩取自*What the Trapeze Artist Trusts*一書。

比起我人生中的任何一部分，身為單親母親的那些歲月，讓我更為自豪。

——英國作家J·K·羅琳（J. K. Rowling）

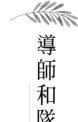

導師和隊友

莎拉・克瓦斯基（Sarah Kowalski）

「媽媽，別擔心，我可以用超能力把自己變成你需要的任何東西。」我兒子艾登大喊，我正因為找不到煎鏟，無法替他的鬆餅翻面而大發牢騷。他從椅子上跳下來，砰砰著地的時候，蝙蝠俠披風隨之飛揚。他迅速把隨時都在的消防員頭盔扶正，爽朗地追加：「你知道嗎？媽媽？我能變成你需要的任何東西喔。」

是，我知道。

三歲的艾登對消防員、超級英雄、建築工人著迷不已。他時時上演拯救行動：我進某個房間以前，他會先幫我檢查是否有危險，然後變身成我需要的任何東西。這點融化了我的心。隨著一天天過去，我走上肩負母職與辛苦獨力育兒這條路的痛苦，相形下，變得越來越不重要。

母職並不如我原本的計畫。事實上，它粉碎了我對成為母親這趟旅程的每份期待。可是這一切，也讓我準備好因應單親所面對的日常艱辛。

跟許多單飛媽媽不同，我進入母職時，就很清楚我會獨力扶養孩子。那不是我的頭號選擇。我總是夢想有個伴侶，創造出的孩子會是兩人的結晶。我想像望著寶寶時，能猜想哪些特徵和個性來自於我或我丈夫。

可是人生不如意十之八九，我到了四十歲，眼下並沒有適合的伴侶。我明白，如果想要孩子，必須透過捐精者獨力完成。不過，讓我失望的事情不只如此。當我終於決定投入單飛媽媽的計畫，我去找婦產科醫師，想知道人工授精的概要。我坐在白色牛皮紙覆蓋的檢查檯上，我的醫師用過於隨性的語氣說：「如果你想懷孕，可能也需要有人捐卵。」這番話震撼了我——我都還沒嘗試懷胎，竟然就被宣告不孕。

我忿忿不平，離開醫生的辦公室。先前我在修訂自己的親職夢想時已猶豫再三，此刻竟然必須重新修訂一次？我必須放棄自己跟孩子之間的基因連結了嗎?這脫離我原本對母職的想像太遠。

接下來幾天,我久久思索醫師的建議。找捐卵者有意義嗎?沒有。我不想懷跟我沒有基因連結的孩子。我要不是突破困境,用自己的卵子懷胎,不然就繼續膝下無子。

我一心想戰勝困境,進行嚴格的飲食控制、服用大量的補充劑;凡是能找到的另類療癒,我都約診。我數不清前後花了多少時間,從一個診所開車到另一個診所,更不要提我投注多少金錢。也許更糟的是,我一路以來心中湧現的自我厭惡——窺探我的內心時,看見自己對不孕懷抱著羞恥、怒氣、受傷,這點更是折磨。最糟糕的是什麼?這番努力最後並沒有成果。看來我只能接受膝下無子的命運。

是這樣嗎?

一個明亮的秋日,我接受太陽的邀請,到屋後露臺練習氣功。我渾身沐浴在陽光中,傾聽小鳥忙碌的啼鳴,我深深進入冥想,感覺一片遼闊,充滿了光。內心如此清明,我決定重新考慮捐卵的問題。跟孩子之間有基因連結,對於我想從母職得到的東西,有那麼關鍵嗎?

坐在屋後露臺的桌邊，我在日誌裡寫道：「如果需要倚賴捐卵者，我還想當母親嗎？」

起初，內心響起了反對聲浪：「不應該這樣啊——生養寶寶就表示要有基因連結。」但我不像之前那樣，停在那裡，而是繼續探問：「為什麼呢？」

我覺得有必要讓我的基因流傳下去，或是將什麼傳承下去嗎？不，對我來說，這兩個理由都不充分。

我可以辯稱說，採用他人的卵子會產生某種訊息落差——我無法知道關於捐卵者的基因和醫療史。不過，話說回來，沒人有完美無瑕的基因史，我未來的孩子最後會擁有的基因，可能比我好或比我壞。

我繼續從另一個角度去想：「身為母親，有哪些層面是仰賴基因的連結？」我一個也想不出來。我瘋狂愛著我領養回來的狗，而我們甚至不是同個物種。見鬼了，要是有人把任何寶寶托給我照顧，我會馬上陷入愛河——根本沒必要有共同基因。當然了，我會很想看到自己的特點顯現在孩子身上，可是這點對我身為母親的成就感來說，並無必要。

再來，我在母職裡想尋找什麼？我在找目的。我準備放棄成年歲月的即興和自由，全盤接受孩子的需求。我想看著某人漸漸成長，透過他們的眼光觀看世界，無私地將自己的時間和精力投注在撫養一個美妙的人類上。這份渴望並不需要有基因連結。

最後我終於想通了，我願意放棄基因連結這點，但我依然想要體驗懷孕跟親餵母乳。所以我決定找捐卵者。

這個決定做來雖然困難，但一旦下定決心，如釋重負的感覺一擁而上。我終於可以說，「等我懷孕的時候」，而不是「如果我懷孕」。沿途我依然會碰到一些顛簸——彷彿人生想再次提醒我，從來沒有事情會照計畫進行。不過，最終我走運了。我們走運了。我頭一次嘗試就懷孕了。

今早我跟艾登窩在床上，他的腦袋靠在我的胸口，我的手臂被壓在他的身體下，他不肯讓我起身，堅持著要互相說我愛你。「我愛你，蜜糖。」他說。「我愛你，甜豆。」我回答。「我愛你，鬆餅。」他用最傻氣的聲音說。我們常常玩這個遊戲，講出越來越傻氣的食物，試著勝過對方。我們起床起得晚了，不過我還是留下來，吸進我這小不點的氣味。當我回說「我愛你，綠豆」時，他笑得花枝亂顫，我的心就要從胸口爆開。

我對艾登所湧現的愛，是每個母親嘗試卻無法真正描述的；即使沒有伴侶或家人在附近，獨力育兒一點也不簡單。三年後，我終於——謝天謝地——可以好好補眠了。不過，一切都要由我一肩扛起：規劃正餐、決定大小、就寢常規、家務操持、寵物照顧、經濟穩定。大多時候，如果我發現自己陷入困境，不是必須自行想出解決之道，就是得付錢請人幫忙。是的，有時候壓力大到不可思議。

不過，單親母職也很單純。我不用承受有伴朋友們談起的那些壓力，不用為了分工的事情辯論。我不用因為伴侶下班沒準時回家而失望。我不用因為伴侶不肯出力幫忙，讓我休假一天而難過。我從來不用被迫跟任何人妥協——唔，至少除了我兒子之外。我永遠不用面對監護權爭奪戰，也不用跟伴侶爭論什麼對我們的孩子最好。如果想聽聽別人的意見，我會請教可靠的朋友。可是如果我覺得不受支持、被誤解，或單純不同意對方的觀點，我總是可以掉頭走開。看吧？簡單。

我不想騙人：有時候缺乏獨處時間差點讓我崩潰——重複的遊戲、鬧脾氣、無止境的界限測試和廁所訓練的意外。很諷刺，通往母親角色的坎坷路途，訓練我處理這些充滿挑戰的時刻。它教我面對混亂時要臣服，放開我無法控制的事情。有些日子，我覺得自己就像銳不可擋的力量，不管什麼都應付得來。每天，我都不敢相信我險些放棄成為母親。

我們這個家庭人數稀少，表示我和兒子是彼此親密相連的雙人組。隨著每天過去，我們和諧共處並一同成長。以某天早上為例，艾登要去上幼兒園的頭一天，整個情緒崩潰，因為他想穿別條長褲，我卻遍尋不著他想要的那條。

上樓去找第三次後，我投降。我氣急敗壞，一屁股生在樓梯底部，就在兒子身旁。我在內心痛罵自己這麼沒條理，也很氣兒子不肯放手。學齡前兒童那種死板，就快超過我的極限了。

接著，無來由地，有個念頭浮現了。「我們是個團隊嗎？」我問，望進他閃著新淚的墨黑雙眼。

他不悅地皺起鼻子。「對，我們是媽媽艾登團隊。」他嘀咕。

我小心翼翼用手臂摟住他，感覺他正逐漸冷靜下來，不會憑反射動作甩開我的碰觸。「那麼你必須幫忙媽媽艾登團隊，穿著現在這件褲子去上學。」

「可是……」他開始要抽開身子，扭著想擺脫我的碰觸。

我打斷他的嗚咽，「我盡力了，可是就是找不到你的長褲。如果你今天穿著原本這件長褲去上學，就會真正幫到我們的團隊。」

艾登頓住，在我的擁抱中安頓下來，低頭盯著手裡的玩具，一面思索我剛剛講的話。然後他仰頭望著我，雙眼放光，高聲說，「當然好，媽媽。我們只能盡力。我們去上學吧，團隊。」

成功防範了一場災難，最後我們準時到校。

莎拉・克瓦斯基／ESME自願單飛母親資源指導、身體教練、費登奎斯身心整合重建師、氣功老師，擅長心靈與身體的連結。身為Motherhood Reimagined的創辦人，她教導女性走過情緒與恐懼，幫助她們能考慮將單飛母職、捐卵、領養或其他方式作為選項。她協助女性重新定義身為母親這件事，使她們能培育愛、勇氣與韌性，以不設限的方式生養孩子。

到處都有天空

南西・夏普（Nancy Sharp）

二〇〇五年六月十七日，布列特過世超過一年，我還沒帶雙胞胎去掃過他的墓。「爹地躲起來了」的階段已經過去，或至少他們嘴上不再這樣聲稱。吉兒，孩子們早產後我就保持聯繫的社工，依然會到公寓來，我們也還在看史畢格醫師。慢慢地，雙胞胎恐懼的強度漸漸減弱——

這足以讓我在開車前往我父母位於伊斯頓的家時，決定以隨性的態度指出一座鄰近的墓園，看看會觸動怎樣的反應。對於跟疾病與死亡有關的所有事，孩子們都相當敏感，馬上做出連結。

蕾貝卡將想像的手機湊到耳邊。「嗨，爹地。我想念你。」她唱道。

她正處於閒聊的心情，她告訴凱西，即使他們看不到爹地，還是可以跟他說話。這是從吉兒那裡學來的語言，也早早顯示蕾貝卡理所當然擔起了雙胞胎裡的老大角色，也就是大姊姊。

不過，凱西提出自己的解釋。「我們看不到爹地，因為他在天空裡。」他的語氣如此平靜和篤定，我納悶他之前是否就思考過這點。

我加重抓住方向盤的力道。

蕾貝卡很困惑。「天空在後面那邊嗎？媽媽？」她問，指著她相信是家的方向。

此時，我超級警戒，思考要怎麼回答那個問題。

可是我沒想太久，因為凱西以同樣自信的語氣回答了。「不是，蕾貝卡，到處都有天空。」

到處都有天空！

雙胞胎解讀了如此驚人且完美的真相：爹地在天空中，而到處都有天空。

我高興到想把車停在路邊，一把摟住他們。我決心將這個時刻永遠存進記憶裡。

南西・夏普／一位作家、演說主講人、說書人，常常針對失落、轉型、勇敢生活公開發表演說。她和第二任丈夫、雙胞胎、兩位繼子一起住在丹佛。著有得獎回憶錄*Both Sides Now: A True Story of Love, Loss, and Bold Living*，本文取自此書。可以在推特（@boldlivingnow）和臉書（@NancySharpVividLiving）找到她。

離婚的陳腔濫調

夏儂・萊爾（Shannon Lell）

訴請離婚後，他離開了。起初孩子們不在家的週末夜晚，我會喝著紅酒，邊唱悲傷的歌邊哭泣。天氣暖和的時候，我會把悲傷歌曲晚會帶到後門的迴廊。家裡會給人壓迫感——這房子是我們結婚時買下的。要唱歌，我必須先能夠呼吸。

醒來時面對著空酒瓶和頭痛，我覺得自己好失敗。雖然除了站在床頭櫃、冷眼旁觀的貓咪之外，在場沒人評斷我。可是有天早上，有八年交情的鄰居在車道上攔住我，「昨天晚上我聽到你在——」她句子還沒講完，我就一溜煙跑了。

陳腔濫調是優質寫作的致命傷。我知道，我是專業寫手。陳腔濫調是懶惰，是不成熟的象徵，是作者缺乏創意的表現。可是在離婚之後的那幾個月，那就是我成為的東西——徹底的陳腔濫調：

> 三十中段——好吧，是後段——女性，近期離婚，有兩個小孩，在紅酒裡尋求慰藉。偷偷逛著約會網站，一面高聲唱著山姆・史密斯（Sam Smith）的〈留在我身邊〉（Stay with Me）。一頭栽進瑜伽。從亞馬遜網站上買情趣按摩棒。考慮生平第一個刺青。開始同情羅賓遜太太*。

看吧？

我在震盪之後的餘波中，企圖找個安全的地方，吸一口清淨的空氣。如果你能夠呼吸，也許就能活下去。

要找到安全的地方，並不容易。當你覺得全世界盯著你看，而你正在釐清為何別人永遠不會變成你這副德行——一個爛醉的離婚者，半夜在

*羅賓遜太太（Mrs Robinson）是美國電影《畢業生》裡的角色，因為苦悶的中年生活，與年紀小自己一個輩分的友人之子展開不倫戀。

後門迴廊唱著約翰·傳奇（John Legend）的〈一生所愛〉（All of Me），一則警世寓言。看到蒙了灰塵的浮潛配備時，你彷彿踏進了爆炸區域，不得不席地坐在車庫地板上，好穩住自己。呼吸，呼吸就好。

在某個時間點，我開始了清理的程序——清出塞滿紀念品的櫥櫃、改動密碼、更換房子門鎖、重漆臥房牆壁。同時，我也感覺到大家都在看，我這個悲傷故事最後會怎麼收場。沒人想聽你說，你在抽屜後方找到一疊動物主題的節慶卡片時，一時恐慌發作；那些卡片是你事先為他留存起來，打算用在兩人攜手共度的漫漫歲月裡。最艱難的清理工作，就是清理我的心。必須獨自進行，或者伴隨著紅酒、歌手布蘭迪·卡莉（Brandi Carlile）以及歌唱進行。

所以，離婚故事的陳腔濫調就這樣持續下去。直到有天，兩年後，我女兒要求看她嬰兒時期的照片，我們抽出有她父親在內的相簿，我已經不會心痛。感覺並不好，可是也不至於心痛。酒水乖乖待在瓶子裡，瓶塞還在。

幾年之後，我鄰居雙眼噙淚出現在我家門口。我倒了杯酒給她，然後聽她吐苦水。我可以說，「沒關係，我明白。」我可以告訴她，「有一陣子踏上那條最不需要抗拒的路，沒什麼不對的，即使那表示讓自己降格到無腦的陳腔濫調，而且鄰居們都在聽。」我可以保證：「目前可能會覺得做不太到，可是總有一天，你會找到出路，然後再次浮上表面。到時你就能呼吸了。但是抵達那個階段的唯一方式，就是先坐下來，任由痛苦襲來，將悲傷歌曲的音量調高。然後再次站起來，繼續往前走。」

夏儂．萊爾／作家，熱衷於瑜伽和單車越野，與兩個孩子住在西雅圖。她的親職祕訣是「盡可能跟孩子一起享受樂趣」以及「最重要的是強調閱讀和藝術的重要性」，她認為閱讀和藝術都能「教導同理心」。作品散見於《華盛頓郵報》、Longreads、the Rumpus、Scary Mommy及其他眾多平臺。目前正在寫一本回憶錄，關於人生中年的政治、性與靈性的覺醒。

星期天

珍努艾瑞・吉爾・歐奈（January Gillo' Neil）

你是一個星期的初始
或是一個星期的末尾，而且按照
披頭四的說法，你有如修女
悄悄走來*。你是孩子們跟他們父親出門的
第二個整天，
你是房子空蕩蕩的
第二個整天。
星期天，我想念著你。我拿著一杯

黑皮諾**坐在後院
等待你翩翩到來。
你知道花園裡的頭一批櫻桃番茄
已經轉紅了嗎，
可是萵苣變得
苦澀到難以入口。我仰頭望著
我所見過最蔚藍的天空，
天青藍，不會有人相信
我頂著這片天堂似的天空。
而你是我的見證人。好好把握
每個日子。你是赦免。

＊披頭四樂團（The Beatles）在〈麥當娜夫人〉（Lady Madonna）這首歌詞裡唱到：「星期天早上有如修女悄悄走來」（Sunday morning creeping like a nun）。這首歌描述勞工母親相當辛勞，唯有在星期天才能夠好好喘息。

＊＊指以黑皮諾（Pinot Noir）品種的葡萄釀成的酒。

你是我不曾寫下的待辦清單，
是我水槽裡的碗盤，是我的布朗尼早餐，
是我不穿胸罩的一天。

本文作者簡介請參見一百八十九頁。

女兒離家上大學，我為何不悲傷

尤蘭達・古特（Ylonda Gault）

我將三個孩子的老大，稱為我的「初戀」。

克蘿伊出生時，我的心跳不只少了一拍，而是找到新的切分節奏。

現在我的「寶寶」，已經遠赴史貝爾曼學院就讀，距離我位於紐澤西的家將近九百英里。她的笑聲不再迴盪於家中。日日夜夜，我看著她在餐桌旁留下的空位。朋友們，甚至是點頭之交，都警告我要小心因應這場鉅變。

可是我已經將近四個月沒見到克蘿伊了。

而且你知道怎樣嗎？我過得不錯。其實，我比不錯還好。

我不覺得自己有一部分不見了。在某種原始的層次上，所有孩子都有一部分融入我的內在，時時刻刻。我最好的朋友並未離去；離開的，是我女兒。是我該照著她理應離開的方式來訓練的那個人；「離開」在這裡是個關鍵字眼。

我並未流淚。我並不沮喪，連一點憂鬱都沒有。我路過她的空床時，心頭並未竄過一陣深沉的渴望，即使從她八月離家上大學以來，床鋪一直鋪得整整齊齊。最後，我終於能夠體會隨處可見的馬克杯上，那則現代黑人女性的煩人諺語：「小妞，上帝給太多福氣，我生活沒壓力！」

克蘿伊——我的心跳，正踏上了自己的命運之路。我十分引以為榮。她那些沒給我多少時間哀悼的弟妹們，有了追求成就的理想榜樣。

當然，由於克蘿伊那世代偏好使用簡訊，就某些方面來說，我比以往更貼近她。比方說，近來她去採買舊貨，只要在更衣室換上一件二手衣，就傳照片給我。她上中學時，我們之間的關係有時相當動盪，她通常不會想聽我的建議。現在我卻受邀一起討論，簡直令我受寵若驚，而我適切地稱讚了每種裝扮。

克蘿伊讀中學的時候，我和她父親離了婚，留下很多情緒障礙有待她去克服。（滿酷的是，我的孩子們都很習慣我寫到他們。）她將她原本那種嘲諷式的幽默感，以及符合年紀的翻白眼習慣，帶到了新高點。可是她不在的時候，我發現自己在內心讚嘆她以往在家的表現，包括她那可比瑪莎．史都華（Martha Stewart）＊程度的洗摺衣物技巧，以及好吃到爆的起司通心粉等菜餚。

感恩節的時候，我很希望她能回家做其中一件事，可是她沒回來。她跟她舅舅、阿姨在西紐約一起過節，部分原因是她明天就要回家過寒假。

如同我和她的手足順應了沒有她的家，她也漸漸適應了她的自由，所以我想像她在家的那幾個星期可能會有些問題。我們可能都會回到舊有的角色，只是微微重塑過。然後到了一月，她就會再度離開，而我們又會重新調適一回。

就我看來，上大學的送行對克蘿伊而言並非一首傷感藍調，而是一

＊美國家庭主婦心目中的「家事教主」，有全美第一主婦的稱號。

場歡慶。沒人比我們的祖先更會狂歡派對——他們錯過了這樣的奢侈：前往備受尊崇的學院，留父母在家獨自憔悴。

我從來不把上大學視為天經地義的事。我媽媽在吉姆克勞*時代的南方成長，不曾認真考慮接受更高的教育。我爸則連高中都沒讀完。所以，當我越上西北大學的舞臺，向那些披著長袍、將壓花皮革資料夾放進我手中的陌生人示好，等同踏進了一個我家族從未認識的世界。表示榮耀，表示聲望，而且預告著勝利。

「優勢」以很多形式呈現。今年家中寶寶離家上大學，大批父母整個秋天都陷在悲情當中，我只能懷想他們過的人生跟我大不相同。

可是我內心有一部分只是驚奇：「這難道不是我們為人父母所希望的嗎？」這種事再自然不過了，對吧？實不相瞞，有時我確實為克蘿伊擔心。就像她當初開始全天上幼兒園、參加過夜營隊，還有，也許是最嚇人的，頭一次開車到購物中心時，我都有點擔心。可是如同我在那些時候做的，我現在也以這樣的信念來安撫自己：我無法陪伴她的時候，自然會有天使陪伴著她。換句話說——就是仰賴神的恩典。

不過跟早期不同的是，我現在有很多理由可以對克蘿伊懷抱信心。她是個能幹的年輕女子。她會做出健全的決定，選擇恰當的朋友，懷著向來超乎年齡的內在精明，在世界上穿梭遊走。

這並非貌似謙虛實則自誇。老實說，她之所成為這樣的人，絕大部分跟我無關。克蘿伊來到這個世界，天生就是自信十足、膽大包天，內在擁有某種程度的自我約束力。她的靈性DNA承繼自她外婆以及在她之前的堅強黑人女性。

那就是為什麼我開車送她去大學時，幾乎可以預測母女分別的情景。花了幾天時間開箱整理行李、購物，再購物——分別的時候終於到了。在一場熱鬧滾滾的課程後，新生訓練結束了，我們在校園中央說了「再見」。母女倆緊緊擁抱、親吻——然後環顧周遭。

四處都是涕淚縱橫的成年女子——幾乎因為憂傷而崩潰。克蘿伊說

＊吉姆克勞（Jim Crow），指的是針對有色人種的一套種族隔離法，施行於一八七六年至一九六五年間的美國南部與邊境各州。

了點類似「是天崩地裂了嗎？」的話。我們竊笑了一下。

然後，「掰囉，媽。」

尤蘭達．古特／著有親職回憶錄*Child, Please*，是《紐約時報》的評論撰稿人。身為得獎記者，她專精於黑人經驗、母職、家庭有關的議題。她的短文收錄於指標性選集*The Meaning of Michelle*，書中有十六位作者分享對前美國第一夫人蜜雪兒．歐巴馬（Michelle Obama）的看法；以及*Queen Bey*，頌揚歌手碧昂絲（Beyoncé）的力量和創造力。她同時也是美國計畫生育聯盟的編輯主任，與三個很棒的孩子住在紐澤西州。

解構日本漢字

蜜卡・山本（Mika Yamamoto）

那個日本女子穿著薰衣草色和服，跪坐在「圍爐裡」，一種下陷的地爐旁，猛戳炭火，發揮著Kuyashimi（悔恨）的力量。這個日本女人為了她外遇的丈夫，犧牲自己的人生，她說不出英文來，因為沒有一個英文字足以表達她的經歷。沒有文字可以捕捉這個日本女人的感受，她持續履行職責、打理家務、保持緘默、纏著完美無瑕的髮髻。她並未癱倒在床、放聲哭嚎或亂砸碗盤。沒有。她對外遇的丈夫客客氣氣。她不打擾任何人的生活。她獨自承擔所有悲痛。她不跟他人傾訴自己的掙扎，圍爐裡是她唯一的證人。Kuyashimi向身體召喚必要的抗拒力，將這一切隱忍於心；

沒有一個英文字有這樣的力量。

這個日本女子不是我，也不是我認識的任何人。確實，我十六歲的時候，有個朋友跟我說，他曾目睹他母親的Kuyashimi。不過，一九八八年，他母親並未穿著和服、看顧圍爐裡。前面說的那個日本女人純粹是虛構，充滿力量的虛構。

那個日本女人是個跟我全然不同的形象——我永遠不會是這樣，也永遠不願是這樣。我以東方姑娘或說是日本女孩的身分，土生土長於美國伊利諾州的斯科基村。十五歲的時候，我搬到日本，不再是東方姑娘或日本女孩。我成了Kikokushijo（歸國子女）女孩——回國的人，因為父親工作曾經住在國外的孩子。我去上專為歸國者而設的學校時，我就不再是個Kikokushijo女孩，因為這樣形容很多餘。我應該只是變成女孩，可是我太daitan——這個詞漢字寫成「大胆」。解構字體可以揭露許多事情。第一個字，意思就是大。第二個字的右邊，顯然是地平線上方的太陽——也就是黎明。乍看下，左側看起來恰恰相反，像是月亮，實則不然。裡面的兩撇原本有角度，並非平行於地，是「肉」的基本型態。「肉」表示「皮肉、食用肉、身體部位」。第二個字母是膽囊、勇氣的意思或「蛋蛋」＊的簡寫。「大」和「膽囊」兩個字結合起來，創造出一個詞，翻譯起來就是「大勇氣」。不過，在仰賴服從的日本文化情境裡，這個詞會引起不適。如果以「服從」來界定女性，那麼這個漢字分析起來，並沒有留下空間給女性。

我向來就不怎麼符合女孩的定義，在日本，我中學畢業後，開始上大學。我很快就對我身為女人的未來感到沮喪。在日本，身為女性，我可以是妻子，或可以成為上班族——替男性主管泡咖啡，試圖找到能讓我成為妻子的丈夫。但我無法想像自己是上班族或妻子。我要把我的「大蛋蛋」放在哪裡？我知道我無法在那裡生活下去。後來我的肺明白了我的心意，我無法呼吸，最後住進醫院，氧氣量低到必須戴面罩。為了活下去，我離開了日本。

最後落腳德國，認識了一名男孩。他是日本人，但穿著亮黃色長

＊睪丸，延伸意義為勇氣。

褲，嗓門很大——非常不日本。我誤以為他是太陽，於是追隨了他。不久，我成了女朋友，然後我懷了身孕。我們結了婚，轉眼回到了日本——這次是在三島鄉下，跟男孩的家庭同住。這段期間，男孩試圖將我變成Yome：也就是新娘，實則為僕人。我當時二十二歲，以絕對的篤定態度說，「我不要當Yome。」

最後，我們回到了美國。我拒絕當Yome，卻成了妻子。我為丈夫和寶寶理家——不久後，家裡不只一個寶寶。我開始失去自我。首先，我放棄了我的書櫃，丈夫看不出我閱讀的必要性。接著，我放棄自己的品味，丈夫認為低劣。很快地，為了爭取足夠的時間，我放棄自己的時間，早早在凌晨三點醒來，但這些時間都不是花在自己身上。我也放棄了飲食。我逐漸接受，這一切的負擔都要由我扛起，而所有人的差勁行為都要我概括承受，我不得不放棄全部的我。我成了沒有聲音的人。我成了那個穿著象徵性和服的人，沒人可以傾吐我的絕望。莫名地，我成了日本妻子。

不過，我從來沒有成為日本女人。日本女人永遠不會離開她丈夫。我離開我丈夫，雖然他並未背著我出軌。他確實動手打了我，但那不是我離開的緣由。我之所以離開，是因為我覺得無趣——我知道日本女人永遠不會做這樣的事。

我帶著兩個幼子離開婚姻時，一切分崩離析。我失去了朋友、家庭、存款和職業，只留住了車子和我的孩子。我搬到美國的另一邊，不再執教鞭，找了份工作，在醫院的急診室更換便盆——這樣孩子們放學回家時我就能在家。我的餐飲計畫是刷信用卡，在酒吧的減價時段喝雞尾酒配炸起司條。孩子們學會怎麼處理自己的衣物，不要叫我幫忙回家作業。他們上床睡覺後，我會跟大學年紀的男友通電話聊天。然後我會熬夜到半夜，撰寫我身為日本妻子的人生故事。為了支付我兒子矯正牙齒的費用，我以五千塊美金賣掉卵子。我是少數民族、女性、窮困、單身、獨自撫養孩子、打破禁忌、做勞力活、在夜裡寫作。

換句話說，我得到了解放。

最後，我找到了真正的自我。我在護理師之間找到了支持我的社群。我因為能夠準時支付房租而自豪。我的年輕男友愛慕我。我發表了一則故事，又一則，再一則。我曾經不小心聽到我女兒跟兒子說，「我們以前很窮，可是現在我們有錢了。」這番話的真相觸動了我：我們以前很窮，可是現在我們有錢了。頭一次，我的身分認同不是由他人的評價所決定。我的人生富足且美麗，而我衷心熱愛身為單飛母親。

蜜卡．山本／作家，也是ESME的公共援助資源指導。作品可見於*Noon*、*Nelle*、Hawai'i Pacific Review、the Rumpus網站，以及其他出版品。

他離開之後

潔妮・托馬斯克（Jeanie Tomasko）

孩子們還小，在睡覺的時候，
夜晚溫煦有雨，
我會走到破損屋簷下的某個地方。
裸著身子，是的。然後站在下面，
以雨水和夜色清洗我的頭髮。
我可以聽到雙拼房屋

另一側的車聲。我可以聞到樓上
床單的氣味。我依然無法碰觸

標示著未來的任何東西。在雨中孤獨著，
愛神是美麗的。可以讓你的心

與他人的心結合起來，只有你知曉，無人看見。
如我所說，我在破碎的雨水下清洗頭髮，

站在夜裡，閃閃發亮。

潔妮・托馬斯克／著有小詩集*The Collect of the Day*、*Dove Tail*、*Violet Hours*、*Small Towns along the Coast*及*Prologue*，曾榮獲Concrete Wolf Editor's Choice 獎。潔妮也是護理師，從事居家照護工作。可以到www.jeanietomasko.com看到更多她的作品。

對我來說，生養孩子，是我經歷過最能帶來釋放的事情。如果你聽聽他們的聲音，不知怎麼的，你就能擺脫自己的包袱、虛榮和各式各樣的東西，然後帶出更好的自己，就是你喜歡的那一個。我最喜歡那個版本的我，似乎就是我的孩子們想要的那個。

——美國作家托妮·莫里森（Toni Morrison）

我以前愛過，但不曾像這樣

艾夏・班德爾（Asha Bandele）

不是說我女兒妮薩在做的事有什麼特別的。我寫這篇文章的時候，她正在後倚靠，聽著我不知道是未來小子（Future）還是德瑞克（Drake）的音樂。可是朝她一瞥，我依然有種同樣的感受——真愛帶來的一股生命力與目標感。

我以前不是沒愛過。我有，而且每一次感覺都很魔幻。地中海丈夫在我二十一歲時，在希臘給了我一個家，我卻在二十五歲前，眼睜睜看著他的重度憂鬱症使我們關係破裂。第二任丈夫原本在坐牢，只因聽到我的詩作，就讓我在二十八歲時成了他的妻子，三十三歲時成了母親。我們的女兒出生三個月又一天後，他被遣送出境。但在那些男人之前與之後，我也有其他的愛人——緊張不安的壞男孩，原本我以為他們的怒氣情有可原，直到他們將怒氣發洩在我身上，而不是用在毀掉他們的各種體系和建制上。

但即使擁有這些我認為如史詩般的愛情故事，我也從未真正認識愛，及其濃烈的自由，直到我成為母親。我知道由深沉悲傷或盛怒所帶來的愛。受到帶刺鐵絲網和荷槍守衛所限制的愛。被分析的愛。被篩濾的愛。我知道節制的愛，直到我生下妮薩。

我有這樣的記憶：妮薩還不到兩歲，我們在我當時男友的家，家中有人決定盡情瘋一場，轉眼間，老派電子音樂放得震天價響，小小公寓化身成一九八五年左右的傳奇天堂車庫*。妮薩一蹦，跳出我的手臂，開始手舞足蹈，彷彿全世界由舞蹈構成，而她就是節奏和節拍，節奏和節拍就是她。她的喜悅與生命有十足的感染力，一晃眼，我拋開想跳得像白人女

＊天堂車庫（Paradise Garage）為一九七七至一九八七年間的紐約知名舞廳。

生的那種不安全感，跟著律動起來。我向上帝發誓，當時男友的羅威納犬也是，只是牠以狗專有的方式。最後，連男友——就是之前提到的壞男孩之一，也無法繼續擺出他那種男人臭臉，將我跟妮薩抱起來，我們擁在一起，舞動歡笑，小狗則繞著我們興奮奔跑。那是我人生中最歡樂也最自由的時刻之一，也是我領悟到我為何那麼愛我寶寶的時刻——這點我不曾仔細思考過。我單純愛著她，在我認識她以前就愛著她。

在那個時刻、那個家，我愛她的原因不勝枚舉，但有個原因勝過一切，那就是：她是自由的。身為自由的自己，她釋放了她周遭的人。她釋放了我。在那個房間，在那一天，以及之後的幾乎每一天，在我的妮薩身邊，我是我自己，不戴面具不偽裝，自由去愛，如我知道我所需要的，那麼完全且那麼坦率地去愛。沒有邊界的愛。對黑人而言，任何種類的愛，從來都不是受到保護的權利，因此這並非一樁小事。

我女兒是我認識的頭一個自由人。到現在將近十六年了，我的工作一直是守護那份自由，用我不曾知道的能耐所付出的愛。那種愛沒有任何事情可以將之粉碎，沒有錯誤或過失是太大的，它足以含納一切。那不是說，她就能免疫於一般纏擾美國黑人生活的恐怖主義，或是讓身為黑人女孩陷入危險的那種特定恐怖主義。只是，在我們塑造的這個家與生活裡，有個由愛所創造、備受呵護的自由空間。每天早上我醒來，就會低聲對妮薩說，「謝謝你來當我的寶貝，謝謝你來到我身邊。」因為儘管我該教導並給予她種種，我這個女兒教會我最了不起的一門功課是：如何生活、如何愛、如何自由。

艾夏・班德爾／曾獲多種獎項，是紐約暢銷作家，著有六本書，也是獲獎的記者。她提倡人權、公民權及廢止監獄，與女兒妮薩在紐約布魯克林生活和工作。妮薩於二〇二三年進入哥倫比亞大學就讀。

謝詞

從開始到結束，《單親，我們可以的！》一直是份辛苦的工作，卻因愛而甘之如飴。我們四個人因為這個構想而連結起來：單飛母親值得擁有一本專為她們而寫的書。我們知道工作會很繁重，也知道會很值得，但我們事先並不知道我們的合作會帶來如此多的喜樂。我們先從認定這點作為開場：Google Hangouts、電子郵件、簡訊在舊金山、芝加哥、紐約市、哈德遜河谷之間飛竄，使得我們對彼此的深情、尊重和愛隨之滋長。我們幾人進行這項計畫時，除了總共有九個孩子需要照顧，同時也從事著其他工作，一路以來以協力者和朋友的身分變得越來越親近。

熱情驅動著我們，但如果沒有一些關鍵盟友，我們就無法實現這份夢想。我們首先要向孜孜不倦的海蒂・克羅南伯格（Heidi Kronenberg），ESME.com的營運總監，也是我們的頭號啦啦隊手致謝，她將我們和單飛媽媽作家連結起來；在我們閱讀無數的投稿時，幫助我們維持條理。感謝ESME的內容管理戴文・康納利（Deven Connelly），負責保存Google雲端硬碟的檔案，是我們每週固定

Hangouts通訊時間的首腦。他的幽默感和好心常帶著我們撐過漫長的交流時段，我們細細推敲詩詞或引文放在那裡最好，然後又改變了心意四十七次。也謝謝菲利普·格林漢（Philip Graham）邀請我們在*Ninth Letter*集結一份特別專題，題名為「單飛媽媽時段」，等於認可和鼓舞了我們展現單飛媽媽精彩寫作的欲望。我們也很感激梅麗莎·斯奈德（Melissa Snyder），她秉持耐性編纂與校對七十多份的自介，以及無數的引用授權出處。感謝永遠精力充沛的巴雷特·布里斯克（Barrett Briske），為了取得許多才華洋溢單飛媽媽作品的版權，持續不懈聯繫作者、出版人、經紀人。養育孩子真的需要一整個社群的投入，而在我們的案例裡，我們受惠於一整個社群的單飛媽媽，她們分享自己的心痛、幽默和經驗。我們這些不可思議的單飛媽媽撰稿人，代表著全世界幾百萬的單飛媽媽，激勵了我們，並讓我們為之謙卑，我們很榮幸能分享她們的故事。

最後一定要感謝我們的孩子，他們讓我們想要表現得更好、成為更好的家長與角色典範，並且促成更多改變。謝謝朵梅妮卡的小澤（Zeke）、凱薩琳的莉蓮（Lillian）、雪若的布倫南（Brennan）和基安（Kian），以及艾拉（Ella）、喬納斯（Jonas）、維妮（Wini）、貝克（Beck）、蘇菲亞（Sofia）——瑪莉卡的孩子——他們為我們所做的事增添滋味和情感。最後，要向我們的吉祥物法國鬥牛犬雨果（Hugo）吠一聲表達感激，牠明白付出和得到愛是人生的精髓。

授權與致謝

Chapter 1 孩子們沒事——關於養育孩子

- "The Road," by Teresa Mei Chuc, has been reprinted with permission from the author.
- From *The Light of the World: A Memoir*, by Elizabeth Alexander. Copyright © 2015 by Elizabeth Alexander. Used by permission of Grand Central Publishing.
- The original version of "When One Door Closes, Another One Opens," by Terri Linton, was published on ESME.com.
- "Notes to My Autistic Daughter," by Marianne Peel Forman, was published on ESME.com
- "I Was the Different One," by Nisa Rashid, copyright © 2017 by Nisa Rashid, published in *He Never Came Home: Interviews, Stories, and Essays from Daughters on Life without Their Fathers*, edited by Regina R. Robertson, copyright © 2017 by Regina R. Robertson, published by Agate Publishing, Inc.
- "Return," by Dorianne Laux, from *Awake: Poems by Dorianne Laux*, published in 1990 by Carnegie Mellon University Press, is reprinted with permission from the author.
- "It's Really Not a Big Deal," by Jacob Kronenberg, was published on ESME.com.
- Robin Silbergleid, "An Open Letter to Our Sperm Donor," from *The Baby Book*. Copyright © 2015 by Robin Silbergleid. Reprinted with the permission of the Permissions Company, Inc., on behalf of CavanKerry Press, Ltd., www.cavankerry.org.
- "How to Pray," by Sage Cohen, appeared in the Fall 2013 issue of *Rattle* (#41) and has been reprinted with permission from the author.

Chapter 2　就靠我——關於單親支援

◆ Chapter Two's epigraph, by Padma Lakshmi, from a 2011 interview originally published on the now defunct media site Yahoo! Shine, has been reprinted with permission from the author.

◆ The original version of "Finding My Voice, Feeding My Friends," by Janelle Hardy, was published on ESME.com.

◆ Excerpt(s) from *A Beautiful, Terrible Thing: A Memoir of Marriage and Betrayal* by Jen Waite, copyright © 2017 by Jennifer Waite. Used by permission of Plume, an imprint of Penguin Publishing Group, a division of Penguin Random House LLC. All rights reserved.

◆ Excerpt(s) ("September 17") from *Operating Instructions: A Journal of My Son's First Year*, by Anne Lamott, copyright © 1993 by Anne Lamott. Used by permission of Pantheon Books, an imprint of the Knopf Doubleday Publishing Group, a division of Penguin Random House LLC. All rights reserved. © Anne Lamott, 1993, *Operating Instructions: A Journal of My Son's First Year*, Bloomsbury Publishing Plc. *Operating Instructions* by Anne Lamott. Copyright © 1993, Anne Lamott, used by permission of The Wylie Agency (UK) Limited.

◆ Keetje Kuipers, "Prayer," from *Beautiful in the Mouth*. Copyright © 2010 by Keetje Kuipers. Reprinted with the permission of the Permissions Company, Inc., on behalf of BOA Editions, Ltd., www.boaeditions.org.

◆ Lucille Clifton, "the lost women," from *The Collected Poems of Lucille Clifton*. Copyright © 1987 by Lucille Clifton. Reprinted with the permission of the Permissions Company, Inc., on behalf of BOA Editions, Ltd., www.boaeditions.org.

◆ Excerpt on p. 101 from the poem "Sources" from *Your Native Land, Your Life: Poems* by Adrienne Rich. Copyright © 1986 by Adrienne Rich. Used by permission of W. W. Norton & Company, Inc.

◆ The original version of "Tahlequah," by Isa Down, was published on ESME.com.

◆ "All the Single Ladies" from *F'EM! Goo Goo, Gaga and Some Thoughts on Balls*. Copyright © 2011 by Jennifer Baumgardner. Reprinted with permission from the author.

Chapter 3 生命裡的一天——關於生活的挑戰

- "When a Car Wreck Collides with Picking Up the Kids," by Melissa Stephenson, was published on ESME.com.
- "How to Comfort a Small Child," by Abby Murray, has been reprinted with permission from the author.
- Ariel Gore, "Rules for Being Twenty," from *We Were Witches*.
- "Evening Guilt," by Kristie Robin Johnson, was published on ESME.com.
- "Faleeha Hassan: My Life as a Refugee," by Faleeha Hassan, translated by William M. Hutchins, appeared in the online literary magazine *Empty Mirror* and has been reprinted with permission from the author.
- "The Rookie," by January Gill O'Neil. Reproduced from *Prairie Schooner* 89.4 (Winter 2015) by permission of the University of Nebraska Press. Copyright © 2015 by the University of Nebraska Press.
- "This Is Your Life," by Fern Capella, from pages 5-8 of *The Essential Hip Mama: Writing from the Cutting Edge of Parenting*, has been reprinted with permission from the author.
- "Crying It Out," by Robin Silbergleid, was published on ESME.com.
- "They Give Awards for That," by Lee Nash, was published on ESME.com.

Chapter 4 早安心痛——關於面臨劇變的困難

- "Why We Stay," by VersAnnette Blackman-Bosia, was published on ESME.com.
- "When He Died," by Robin Rogers, was published on ESME.com.
- Quote from Terri Linton's Sister Note for ESME ("A Welcome Note from Your ESME Incarceration Resource Guide, Terri Linton") has been reprinted with permission from the author.

- From *The Light of the World: A Memoir*, by Elizabeth Alexander. Copyright © 2015 by Elizabeth Alexander. Used by permission of Grand Central Publishing.

- "Family in 3/4 Time" © 2015 by Elizabeth Alexander, is used with the permission of Elizabeth Alexander.

- "Then," from *Ordinary Words* © 1999 by Ruth Stone. Published by Wesleyan University Press (via Paris Press) and reprinted with permission.

- The original version of "When Black Lives Matter More Than You Ever Imagined," by Deborah Oster Pannell, was published on ESME.com.

- "In a Quiet Moment," by Hilary Melton, appeared in the Fall 2013 issue of *Rattle* (#41) and has been reprinted with permission from the author.

- "On Home," by Lisa Fay Coutley, appeared in her poetry collection *In the Carnival of Breathing*, published in 2011 by Black Lawrence Press and reprinted here with permission from Black Lawrence Press and Southern Illinois University Press.

- "What I Will Tell His Daughter, When She's Old Enough to Ask," by Meg Day, appeared in the Fall 2013 issue of *Rattle* (#41) and has been reprinted with permission from the author.

- "Grey Street." Copyright © 2014 by Angela Ricketts from *No Man's War: Irreverent Confessions of an Infantry Wife*. Reprinted by permission of Counterpoint Press.

Chapter 5 改變即將來臨——關於成長與韌性

- "Now That I Am Forever with Child." Copyright © 1970, 1968 by Audre Lorde, from *Undersong: Chosen Poems Old and New* by Audre Lorde. Used by permission of W. W. Norton & Company, Inc.

- Staceyann Chin's essay "Coming Out Pregnant!" was published in HuffPost on November 22, 2011, and has been reprinted with permission from the author.

- "The Story, for Now," by Janlori Goldman, appeared in the Fall 2013 issue of *Rattle* (#41) and has been reprinted with permission from the author.

◆ "Myths of Botany and Motherhood," by Isa Down, was published on ESME.com.

◆ "Gravity," from the poetry collection *The Philosopher's Club*, by Kim Addonizio, has been reprinted with permission from the author and the publisher.

◆ Excerpts from pp. 268-9, 278-9, 282-3 [1,162 words] from *Lit*, by Mary Karr. Copyright © 2009 by Mary Karr. Reprinted by permission of HarperCollins Publishers.

◆ "It Will Look Like a Sunset," by Kelly Sundberg, as published by *Guernica* on April 1, 2014. Copyright © 2014 by Kelly Sundberg. Reprinted with permission from the author.

◆ "My Books on Divorce" (pp. 87-93) from *Yes Please*, by Amy Poehler. Copyright © 2014 by Amy Poehler. Reprinted by permission of HarperCollins Publishers. "My Books on Divorce" from *Yes Please* by Amy Poehler. Copyright © 2014 by Amy Poehler. Published in the United Kingdom by Pan Macmillan. Reproduced with permission of the Licensor through PLSclear. Excerpt from *Yes Please* © 2014 by Amy Poehler. Published in Canada by HarperCollins Publishers Ltd. All rights reserved.

Chapter 6　那不是很浪漫？——關於下一段感情

◆ Excerpt(s) from *Bukowski in a Sundress: Confessions from a Writing Life*, by Kim Addonizio. Copyright © 2016 by Kim Addonizio. Used by permission of Penguin Books, an imprint of Penguin Publishing Group, a division of Penguin Random House LLC. All rights reserved.

◆ "Origami Wishes," by Akesha Baron, was published on ESME.com.

◆ "How My Daughter Taught Me to Trust Again," by Rachel Sarah, was originally published in the April 2013 issue of *Family Circle* magazine. It has been reprinted with permission from the author.

◆ "Personals," by Muriel Johnson, published on page 41 in *The Essential Hip Mama: Writings from the Cutting Edge of Parenting*, has been reprinted with permission from the author.

◆ "I Don't Want Your Husband," by P. Charlotte Lindsay, was published on ESME.com.

◆ January Gill O'Neil, "How to Love," from *Misery Islands*. Copyright © 2014 by January Gill O'Neil. Reprinted with the permission of The Permissions Company, Inc., on behalf of CavanKerry Press, Ltd., www.cavankerry.org.

◆ "I Ask the Impossible," from p. 3 of *I Ask the Impossible: Poems* by Ana Castillo. Copyright © 2001 by Ana Castillo and published by Anchor Books. It has been reprinted with permission from the author.

Chapter 7 太陽升起了——關於希望與樂觀

◆ "My Birth, My Way," by Cate Morrissey, was published on ESME.com.

◆ "How I Came to Me," from *What the Trapeze Artist Trusts*, by Malaika King Albrecht, copyright © 2012, has been reprinted with permission from the author.

◆ "The Sky Is Everywhere," from *Both Sides Now: A True Story of Love, Loss, and Bold Living*, by Nancy Sharp, copyright © 2014, has been reprinted with permission from the author.

◆ January Gill O'Neil, "Sunday," from *Rewilding*. Copyright © 2018 by January Gill O'Neil. Reprinted with the permission of The Permissions Company, Inc., on behalf of CavanKerry Press, Ltd., www.cavankerry.org.

◆ "Why I Don't Grieve for My Daughter at College," by Ylonda Gault, was originally published in the *New York Times* on December 8, 2017, and is reprinted here with permission.

◆ "After He Left," by Jeanie Tomasko, appeared in the Fall 2013 issue of *Rattle* (#41) and has been reprinted with permission from the author.

◆ Quote by Toni Morrison, taken from Bill Moyers's March 1990 interview titled "Toni Morrison on Love and Writing (Part 1)," has been reprinted with permission from the author and Judy Doctoroff.

◆ "I'd Loved Before, but Never Like This," by asha bandele. Copyright © 2016 by asha bandele. Published by *Ebony* on February 10, 2016 (www.ebony.com/life/love-black-motherhood/), and reprinted with permission from the author.

國家圖書館出版品預行編目資料

單親，我們可以的！：走過挫折與無助，75位單親媽媽愛與勇氣的真情告白／瑪莉卡．林登姆（Marika Lindholm）、雪若．杜姆斯尼（Cheryl Dumesnil）、朵梅妮卡．魯塔（Domenica Ruta）、凱薩琳．修恩克（Katherine Shonk）編；謝靜雯譯. -- 初版. -- 臺北市：日月文化出版股份有限公司，2022.07；464面；14.7×21公分. -- （大好時光；58）
譯自：We Got This: Solo Mom Stories of Grit, Heart, and Humor
ISBN 978-626-7089-95-8（平裝）

1. 單親家庭 2. 母親 3. 通俗作品

544.168　　111006593

大好時光 58

單親，我們可以的！

走過挫折與無助，75位單親媽媽愛與勇氣的真情告白

We Got This: Solo Mom Stories of Grit, Heart, and Humor

編　　者：瑪莉卡．林登姆（Marika Lindholm）、雪若．杜姆斯尼（Cheryl Dumesnil）、朵梅妮卡．魯塔（Domenica Ruta）、凱薩琳．修恩克（Katherine Shonk）
譯　　者：謝靜雯
主　　編：藍雅萍
校　　對：藍雅萍、郭昭君
封面設計：謝佳穎
美術設計：林佩樺

發 行 人：洪祺祥
副總經理：洪偉傑
副總編輯：謝美玲
法律顧問：建大法律事務所
財務顧問：高威會計師事務所
出　　版：日月文化出版股份有限公司
製　　作：大好書屋
地　　址：台北市信義路三段151號8樓
電　　話：（02）2708-5509　傳　　真：（02）2708-6157
客服信箱：service@heliopolis.com.tw
網　　址：www.heliopolis.com.tw
郵撥帳號：19716071 日月文化出版股份有限公司

總 經 銷：聯合發行股份有限公司
電　　話：（02）2917-8022　傳　　真：（02）2915-7212
印　　刷：禾耕彩色印刷事業股份有限公司
初　　版：2022年07月
定　　價：450元
I S B N：978-626-7089-95-8

生命，因**閱讀**而**大好**